異界と転生論の宗教史

人類は死後の世界をどう捉えてきたのか

下田 淳

昭和堂

はじめに

古来、人類は神話、宗教、文学、芸術から近現代の心霊主義（スピリチュアリズム）に至るまで霊魂の不滅や死後の世界を語ってきた。肉体は死んでも霊魂は生き残り、天国、地獄など「あの世」に行く。あるいは、霊魂が現世に戻り肉体を再び得る（生まれ変わり、転生）。

肉体とは別に霊魂があるとしたなら、それは何なのか。デカルトは、身体を物理的機械とみなし、それとは全く切り離された実体としての自我、つまり霊魂を想定し、それは不死とした。デカルトは、精神（霊魂）が脳の松果体という個所にあるとしたが、松果体が機能停止しても、精神（霊魂）は残ると考えたようだ。[1] つまり、脳が機能停止しても、精神・意識があるとすれば身体とは別の「何か」（霊魂？）があることになり、これは、古今東西の心身二元論で、別にデカルトが初めて言ったわけではない（が、彼が身体を物質的機械であると強調した西洋で最初の哲学者で、サイエンスの道を開いたという理由でよく取り上げられるのだろう）。

ところで、身体・肉体とは別の何かがあるなら、それはエネルギーのようなものなのか、あるいは、スピリチュアリズムやオカルティズム（神秘学と邦訳されている）でいうアストラル体やエーテル体のような形質をもった存在なのか。[2] あるいは意識のみなのか。意識と霊魂はどう違うのか。唯物論者や「まっとうな」科学者なら、意識は脳内のニューロンとシナプスの活動・作用であり、肉体の消滅で意識も無となると言うであろう。ここには死後生も霊魂も意識もない。

脳内作用が意識なら、死の瞬間（あるいはもっと前）は意識がないのだから、己の死を実感できないから、死は恐れるものでないという考えもできる。夢をみていない深い眠り（ノンレム睡眠）時は意識がないのだから、われわれは毎日「死んで」朝に再生するならば、死もそういったものなのだろう。本当にそうだろうか？

しかし、深い眠り（ノンレム睡眠）の時意識がなかったと意識しているのは起きている時だから、深い眠りの時に意識がないなどわかるはずがないのではないか。脳波の測定では、覚醒時や夢をみている時（レム睡眠）の脳波は、ノンレム睡眠時・麻酔時・昏睡状態の脳波とは大きく違うそうである。[3] 後者は意識がないといわれる状態である。本当に意識がないのだろうか。脳波がない状態で「臨死体験」（後述）をしたという諸例が報告されている。[4] 脳波がないのに意識があったということなのか。

肉体の死後、一時的に意識が、「この世に」残存することも考えられる。その場合、いずれ意識は消滅するから、すべては無となる。死後の世界（あの世）は存在しない。

肉体は滅びても意識・霊魂は「生き続ける」という観念、死後生や死後の世界が存在するという観念は、世界宗教だけではなく神話の世界をみれば、多くの民族に普遍的考えであった。

死後生があると仮定しよう。それが実体をもった霊魂でもエネルギー体でも、実体のない意識でもよい。その場合、その霊魂や意識はその後どうなるのか？　前述したように一時的に残存し消滅するのでないとしたら、その後どうなるのだろうか？　仮に死後の世界があるとしよう。霊魂や意識は死後の世界で永遠に存続するのか。そうならば、それはそれで「しんどい」のではないのか？

近現代の科学は死後の考察を止めてしまった。確かに宗教学や民俗学、広く人文学は、この問題に関わる学問であった。ただ何か「限界」のようなものがあったように感じる。死後生ではなく、死に関する文化だけを対象として、死後生の研究は非科学として排してしまったからであろう。

輪廻転生論の批判でよくいわれるのが、世界の人口が増えているのに転生では説明できないではないかというものである。これに対して輪廻転生論者は新しい魂がつくられているとか、人間以外にもあるいは人間以外からも転生するなどというが、こういった屁理屈は何とでも提案できよう。つまり異界や転生の存在が「実証不可能」であるということを前提にしなければ、「公平な歴史」は書けない。

本書の目的は異界（あの世）、とくに輪廻転生（生まれ変わり）の古今東西の議論を、筆者なりに紹介し、考察したものである。先行研究や注釈書は最小限に利用し、できるだけ原典（日本語訳だが）を、読み解いた。異界や転生の有無を実証することが目的ではない。人類の歴史のなかの異界と転生の想像力を紹介し、筆者が解釈を試みるのが目的である。

本書で使用した引用文は、省略したり、文字を変えたり追加したり、語句の順序を入れ替えたりした等の個所があるが、原書の内容には変更はないことをお断りしておく。翻訳者に最大限の敬意を表する。

もう一つ断っておくことがある。筆者は、特定の宗教・宗派等、もちろんカルトも含めて、何かの信者ではない。しかし、神社仏閣にいけば賽銭を投げることもあるし、願もかけるときもある（なるべく願はかけないようにしているが）。両親の墓参りにも行く。いわば平均的日本人（これが本当に平均的日本人か?）である。

死後の世界があるとか、輪廻転生があるとかは、全くわからない。ただ、いろいろ文献を探っていけば、異界と転生について人類のイメージの共通項は出てくるだろう。

もし異界や転生の存在を信じることが有益だとすれば、末期患者の精神的希望になることであろう。自分が死とともに消滅することに耐えらないからである。しかし、現代社会で、仮にこの考えが「科学的」に実証されてしまうと、殺人や自殺、犯罪が増えて社会がアナーキーになるのではないか。異界（あの世）、とくに天国や極楽浄土、生まれ変わりは願望にとどめておいた方がよいではなかろうか。

さらに言えば、異界と輪廻転生についての正しい歴史学的知識は、危険な新興宗教・カルト団体への加入・被害の抑止効果もあると思っている。

本書の下地は以下の二つの論文である。大幅に加筆・修正を加えた。

「異界のイマジネーション――宗教・神話・シャーマニズム」『宇都宮大学共同教育学部研究紀要』七四、二〇二三年

「西洋における輪廻転生論の歴史」『宇都宮大学共同教育学部研究紀要』七五、二〇二四年

筆者は、これまでいくつかの書籍を出版してきた。一つ書くと、また課題が生まれ、また書く。その連続であった。しかし、私の過去の本はすべてどこかでリンクしている。本書もその延長線上にある。この歳になって、本書が一番書きたかったことではないかと思っている。読者が、何かしらの「希望」をもってくれたら、筆者にとってこれほどの幸せはない。

前著『世界文明史』同様、本書の企画から編集・出版まで、昭和堂神戸真理子さんに多大なご面倒をかけてしまった。記して最大限の感謝を申し上げます。

注

（1）デカルト『方法序説』谷川多佳子訳、岩波文庫、二〇二〇年、第五部。『情念論』谷川多佳子訳、岩波文庫、二〇二二年、第一部。

（2）オカルティズムでは、人間は肉体の他にエーテル体とアストラル体をもっている。オカルティズムとはラテン語の「隠された」という意味のオカルトゥスに由来し、具体的には悪魔学、魔術、錬金術、占星術、占いの類いを指す（フレッド・ゲティングス『オカルトの図像学』阿部秀典訳、青土社、一九九四年、一一頁以下、九六頁、一二四頁）。一方、スピリチュアリズムは、サイエンスに対抗して現れた近現代における霊魂の実在を信じる思想と実践の総体とでも呼んでおこう。

（3）マルチェロ・マッスィミーニ・ジュリオ・トニーノ『意識はいつ生まれるのか——脳の謎に挑む統合情報理論』花本和子訳、亜紀書房、二〇一五年、第七章。

（4）カール・ベッカー『死の体験——臨死現象の探求』法蔵館、一九九二年、四八～四九頁。

異界と転生論の宗教史——人類は死後の世界をどう捉えてきたか

目次

はじめに　i

I　世界宗教の異界概念　001

一神教の異界　002
ゾロアスター教とエジプト「死者の書」　005
ヴェーダの異界　009
ヒンドゥー教・仏教の異界　011
異界の多層性　013
小　括　015

II　神話のなかの異界と「生まれ変わり」　019

死の創出　020
神話のなかの死者の国　027
神話のなかの「生まれ変わり」　035

シャーマンのみた異界……044
小　括……052

III　東洋の転生論を読む　057

最古のウパニシャッドを読む……058
紀元前六世紀以降の初期ウパニシャッド……064
アートマンとブラフマンの合一とは何か……067
『古典サーンキヤ体系概説』を読む……070
『ヨーガ・スートラ』を読む……072
叙事詩『バガヴァッド・ギーター』を読む……073
釈迦は何を言ったのか……079
釈迦の神通力……085
さらにパーリ仏典を読む……087
何が輪廻し、解脱するのか……092
大乗仏教……095

ジャイナ教とシク教……098
老荘思想……099
儒教と転生論……102
小　括……106

Ⅳ　西洋の転生論を読む

113

ヘロドトス……114
オルペウス教……115
ピュタゴラスとピュタゴラス派……117
プラトン……119
アリストテレス……123
聖書外典のなかの輪廻転生論……125
グノーシス主義……127
新約外典……129
マニ教……132

新プラトン主義……134
エックハルトの神秘主義……136
オリゲネス……139
プロティノスの『エネアデス』……142
その他の新プラトン主義者……145
ユダヤ神秘主義……148
ルーリア学派……151
ボゴミール派とカタリ派……153
イスラムの輪廻転生論……158
小　括……160

V　近現代欧米の心霊主義の転生論　167

臨死体験……168
スウェーデンボルグ……170
神智学……171

人智学……174
退行睡眠……176
J・L・ホイットンの輪廻転生論……180
イアン・スティーヴンソンの「前世を記憶する子どもたち」……183
小　括……188

おわりに　193
参考文献　197

I——世界宗教の異界概念

❖ 一神教の異界

ユダヤ教、キリスト教、イスラムは一般に一神教と呼ばれている[1]。旧約聖書・創世記のはじめに「神が天と地を創造した」とある。この天と地は、もちろん後のキリスト教の天国と地獄ではない。創世記の天と地は現世である。現世の万物を、神は創造したのだ。人間も地上の生物として創造された。

それとは別に、神は「東の方エデンに園」を創り一人の人間を配置した。アダムである。アダムのあばら骨からエバが創られ夫婦となった。彼らは禁断の木の実を食べたので、エデンの園から追放された。

以上は、よく知られたものであるが、エデンの園は異界、つまり、現世と異なる世界なのか。そうではない。エデンの園は地上に創った楽園に過ぎないことが、創世記を読めばすぐ理解できよう。エデンの園に神が在住しているとも書いていない。神は全く別次元（異界）から、天と地、地の楽園及び現世の万物を創造したことになる。

もともとのユダヤ教には死後救済はない。現世で神の戒律を遵守すれば幸福になり、反すればユダヤ民族は滅亡するという律法宗教である。しかし、ユダヤ教に「死後の世界」がないわけではない。旧約聖書には「シェオール」と呼ばれる箇所がいくつか登場する。すでに、モーセ五書の一つ民数記に「地がその口を開き、彼らと彼らに属する者たちとを、ことごとくのみこみ、彼らが生きながらシェオールに下るなら、あなたがたは、これらの者たちが主を侮ったことを知らなければならない」(16-30)。「彼らとすべて彼らに属する者は、生きながら、シェオールに下り、地は彼らを包んでしまい、彼らは集会の中から滅び去った」(16-33)とある。

この描写のシェオールは地の中にあり、神を侮辱した者が下る場所となっているから、後世の地獄のような概念にも思える。しかし、「生きながら下る」とは必ずしも死後の世界ではないのかもしれない。

詩編には「私があなたに叫びを求めると、あなたは私を、いやされました。主よ、あなたは私の魂をシェオールから引き上げ、私が穴に下っていかないように、私を生かしておかれました」(30-2・3)。ここでは魂とあるので、死後の世界とも解せるが、いずれにせよ、地中にある不気味な所である。「シェオール」はアッカド語の「シュアール」に由来するともいわれるから、メソポタミアのアフロ・アジア語族系の言葉である。そういえば、メソポタミアの「あの世」は陰鬱な暗い世界のイメージである(『イナンナの冥界下り』など想起)。

キリスト教の来世観は死後救済である。「生きた身体」は死んでも、そこから分離した魂は不滅である。最期の審判の際に肉体（身体）が復活し天国で永遠の至福が与えられる。アウグスティヌスによれば、復活したのは「霊的身体」で「生きた身体」とは区別されるらしい（『神の国』第一三巻、第二三章）。また「第二の死」とは、地獄での魂の死に他ならない。魂の死が無になることだとすれば、こっちの方が良いという人もいるだろう。

キリスト教では、死後の霊魂は不滅で、最期の審判を待つ。最期の審判まで霊魂はどこにいるのであろうか。神の意に沿った場所に保管されると初期の神学者は考えたが、後には、最期の審判までの待機所として、カトリック教会は煉獄という概念をつくった。天国と地獄の中間地帯である。煉獄の概念はプロテスタントや東方正教は否定したが、それならば最期の審判までの霊魂はどこにいるのであろうか。

ルターは、霊魂は天国のキリストの懐で眠っているとか、墓で眠っていると言っているが、曖昧である。信仰があれば霊魂は天国に迎えられるというのがプロテスタントの立場である。最期の審判の前に霊魂だけ天国に昇るのは聖人（プロテスタントは聖人崇拝は禁止）のような善人だけではなく、信仰篤き者もそうであるという。したがって、プロテスタントは地獄を語らなくなっていく。

イスラムの来世観もキリスト教と同じ来世救済である。最期の審判で霊魂に肉体が復活し、天国・地獄行きが決まる。ユダヤ教から派生したこの二つの世界宗教の目的は同じである。最期の審判まで墓で眠っているという考えはイスラムにもあるようで、聖人は直行で天国、極悪人は直行で地獄行きだが、一般人の霊魂は眠っている。しかし『コーラン』を読むと、天国と地獄の間の「中間地帯」のようなものが設定されている。そこに人々の霊魂がいて、天国行きの霊魂と地獄行きの霊魂に話しかけてくる（『コーラン』胸壁―メッカ啓示、全二〇五「二〇六」節）[2]。

天国と地獄の間の「中間地帯」の発想はゾロアスター教由来である。ゾロアスター教によれば、死後の霊魂はハラ山に架かるチンワト橋を渡って天国に行くが、悪人は橋幅が狭くなり落下して地獄行きとなる。その橋のたもとで、どちらにも行けない霊魂が留まっている。

いずれにせよ、天国という死後の世界は至福の世界である。ただそこに永遠に留まり続けるのは「しんどい」のではないのか？　一神教は「神の国」の後は考えない。そこが終点である。永遠の終点である。

一神教の異界は、おおまかに天国、地獄、「中間地帯」に分けられるが、天国や地獄も単数ではなく複数ある。これは後述する。

❖ゾロアスター教とエジプト「死者の書」

ゾロアスター教の特徴は、神による世界のはじめと終わりという限定的時間軸を設定したことと、魂の審判による死後の世界（天国と地獄）の選別である。

それに対比するのが永遠的（円環的）時間概念である。おそらくこっちの方が歴史は古い。世界は破壊されても再生され続ける。人間も転生を永遠に繰り返す。新約聖書には、もともと転生の概念が示された箇所があったが、五五三年の第二コンスタンティノープルの公会議で削除された。旧約聖書正典、いわゆるタナハ（一世期成立）には、転生は載っていないが、ユダヤ教の一つの概念であったことは後のユダヤ神秘主義（カバラ）を見れば明らかである。[3] 西洋における転生については後述する。

ゾロアスターは円環の輪を切って直線にした。世界のはじめは、アフラ・マズダーという神による世界の創造である。世界の終わりは、救世主サオシュヤント神が悪神アーリマンを倒す善の勝利である。さらに、すべての霊魂に肉体が復活して、世界が終わる。この発想がユダヤ教に影響を与えキリスト教とイスラムが成立したことはよく知られている。ゾロアスター教の肉体の復活は後代のイスラムの影響という説もあるが、ここではその説は採用しない。[4]

世界が円環ならば人間の霊魂も円環的時間を生きている。現世や異界での誕生と死を永遠に繰り返すことになる（輪廻転生）。アウグスティヌスも、「神の国」は、終わりなき終わりと永遠的時間を述べているが、これは円環的ではない（『神の国』第二二巻、第三〇章）。

エジプトのオシリス神は、冥界の一二の州を毎夜旅し、死者の魂に語りかけ、邪悪であった魂をさとし、善い魂に光りを放って激励し、彼らの苦痛を癒やし、悲しみを散らしてやったという。オシリスは死者の鼻孔を開き、呼吸できるようにした（肉体の復活?）。なぜなら死者の国には空気も風もなかったからである。そこには地上に善人と悪人がいたように、冥界にも善の魂と悪の魂がいた。[5]ここにはまだ死後の審判はない。

死後に魂が審判されるという考えは、エジプト「死者の書」（紀元前一五〇〇〜紀元前一〇〇〇年頃）に登場する。したがって、審判という概念は後付けで、エジプト人の原初的異界概念ではない。「死者の書」では、冥界の神オシリスによって善と認められた霊魂は冥界（楽園?）での復活（肉体が戻るということなのか）が約束される。審判で否定された霊魂は「第二の死」を宣告される。「第二の死」は霊魂の消滅、つまり無だろう。

紀元前二五〇〇年以降、ファラオの遺体を人工的にミイラにしたのは、冥界での肉体の復活信仰であると思われるので、「死者の書」以前から冥界での肉体の復活信仰はあったと考えられる。悪霊から身を守り、「永遠の生」（肉体の復活）を獲得する場所が楽園となった。

「死者の書」によると、冥界は多層であった。一つはオシリスの支配する冥界で、ここは陰鬱な夜の世界である。しかし最終的にたどり着くのは楽園であった。ここで永遠の生（肉体の復活）を受けた。「死者の書」では輪廻転生は語られていない。

冥界での魂の審判、楽園での肉体の復活という物語の原型はシュメルの「イナンナ女神の冥界下り」にみられる。愛と豊穣の女神イナンナは冥界に興味を示し下ることを決意し実行する。冥界の入り口で門番に、姉の夫のグガルアンナ神の葬儀に参列するためという嘘をついて侵入する。冥界の女王エレシュキガルの前で七神の裁判官がイナンナに死刑判決を下し、イナンナは死ぬ。しかし、エンキ神の力によって冥界で生き返り、地上に脱出するが、身代わりにドゥムジ神を差し出すというものである。(6)

イナンナの死は冥界の掟を破ったあるいは嘘をついた悪事の報いである。つまり審判である。生き返ったのは冥界であるが、シュメル神話に楽園はない。生き返った身体は現世に戻ることができた。エジプト「死者の書」よりこちらの方が古い概念である（後述）。

死んで霊魂は冥界に行く。冥界で肉体が蘇り、現世に舞い戻るという観念は原初的なものである。あるいは冥界の霊魂が現生に舞い戻って新しい肉体を得て「生まれ変わる」（転生）。これもかなり古い概念であろう。

エジプト「死者の書」にある、永遠の楽園での肉体の復活という概念は、もう少し後の産物で、そのため王のミイラがつくられるようになった。楽園での肉体の復活信仰は、ゾロアスター教に、そしてキリスト教に影響した。メソポタミア↓エジプト↓ゾロアスター↓ユダヤ教↓キリスト教↓イスラムと単純に図式化できる。

❖ヴェーダの異界

ゾロアスター以前のペルシア人の異界概念はインド・バラモン教のヴェーダに見られる。(7)『リグ・ヴェーダ』(紀元前一二世紀頃)では死者の国は、もともと天界の最上層にあり、そこの神がヤマであった。死後の魂は祖先の住むこのヤマの国で幸せに暮らすことを理想とした。そのためにヤマに供物を捧げる。天界三層、空界三層、地界三層で九層から成っていた。最高の天界はヤマの国で祖先の世界、次は不死界で神々の世界である。その下も神々の天である。地界の三層の説明はない。

『リグ・ヴェーダ』によれば火葬が一般的で、霊魂を祖先のもとに行かせることが葬送であった。ここには、審判も地獄の概念もない。輪廻転生もない。『アタルヴァ・ヴェーダ』(紀元前一〇世紀頃)に至っても同様である。また、宇宙創造は、無=混沌=原水から唯一物あるいは意思が生じた。そして宇宙の創造に至る。神々の誕生はその後である。

『ブラーフマナ』(紀元前九〇〇年頃)によると、原水(混沌)↓熱力↓黄金の卵↓創造主という順になる(シャタパタ・ブラーフマナ、11-1、6-1-3)。

「ジャイミニーヤ・ブラーフマナ」（1・42－44）にヴァルナ神の子ブリグが異界遍歴する物語がある。第一の異界では人間が人間を切り刻み食べていた。第二と第三の異界でも同じであった。第四の異界では、女が大きな財宝を守っていた。第五の異界では、血の河を色の黒い人が守り、グリタの河では黄金の人が願望をくみ上げていた。第六の異界では蓮の花が満ちて蜜の河が流れていた。ブリグが帰って父に見たことを伝えた。第一から第五までの異界は現世の罪の報いの結果の異界で、それを逃れる贖罪方法が語られる。第六の異界は「我が世界」とヴァルナ神によっていわれる天界である。第一から第五までの異界は、後の悪行の報いとして転生する諸地獄を暗示している。ちなみに、異界への飛翔と人間の解体はシャーマニズムのイニシエーション（入会儀式）を想起させる。

カルマ（業）による輪廻転生が、明確に現われるのは『ウパニシャッド』（紀元前八〇〇年～）になってからである。前世の行為＝業に従い、人間のみならず虫、蛾、魚、虎などにも転生する（例えば「カウシータキ＝ウパニシャッド」）。

心臓内にあるアートマン（自我、魂、霊魂などと訳せるもの）は米粒よりも、芥子粒《けしつぶ》よりも、その核よりも微細である。ブラフマンは一切（宇宙）である。この世を去った後に、アートマンをブラフマンに合一したいと願う人に疑念はない（例えば「チャーンドーグヤ＝ウパニシャッド」）。これがヒンドゥー教の解脱の概念（ブラフマンとアートマンの合一）である。ウパニシャッドについては

Ⅲで詳述する。

インドにおける因果応報による輪廻転生と解脱の概念は、先住民の思想と混ざることで発展したのは明らかである。こうしてバラモン教はヒンドゥー教に変質した。それに対して、隣国ペルシアでは、ヴェーダはゾロアスター教へと発展する。ゾロアスター教でも因果応報は明らかである。善き魂はチンワト橋を渡りアフラ＝マズダの支配する世界（天国）へ、悪しき魂は橋から落ちて地獄へ落とされる。

❖ヒンドゥー教・仏教の異界

ヒンドゥー教と仏教の輪廻転生論によれば、現世の行為（カルマ）＝業が来世の転生先を決定する。輪廻転生（生まれ変わり）の考えはアーリア人がはいってくる以前の先住民のものと思われる。そこにアーリア人の因果応報（審判）の概念が混入した。現世の行いの結果（審判）による来世の転生先の決定である。

転生先は、最終的に「六道」にまとめられた。天界、人間界、阿修羅、畜生、餓鬼、地獄である。天界は神々の世界である。人間界への転生はこの世に人間として生まれ変わる。畜生は人間界に畜生として生まれ変わるということだろう。阿修羅と餓鬼は「軽めの地獄」である。異界が多層性なのは、すでにヴェーダにみられた。仏教では六道は三界《さんがい》の欲界に属する。上位に色界と無色界がある。

輪廻転生の永遠の繰り返しは苦である。しかし、一般人は、天界と人間界への転生を好んだ。善を成せば天界（神々）か人間に生まれ変わる。転生とは霊魂が新たな肉体（物体）を得るということである。人間界に転生すれば現世への生まれ変わりとなる。

輪廻転生（サンサーラ）は、不滅の魂の永遠の循環である。だからインドの修行者はここから脱する道を解脱（モークシャ）という概念で表現した。解脱は魂の永遠の循環からの解放である。宇宙＝ブラフマンと自己の魂＝アートマンとの合一によってなされる。それは魂の消滅をいうのだろうか？　あるいは、宇宙意思の一部となることなのか？

解脱して涅槃に至った人が仏教では仏である。釈迦の解脱は、永遠不滅のアートマン（霊魂）の存在を否定することで得られるという。釈迦は、霊魂を否定しているわけではない。永遠に不滅なる存在などないと言っているのだ。輪廻転生を続けるのは、不滅の霊魂ではなく業のみであるという。業が輪廻するというのが理解できないが、これについては後述する。

輪廻転生の観念は、ギリシアのオルペウス教やプラトンにもあるが、これは原初的なものなのだろうか？　ケルトのドルイド教も霊魂の生まれ変わりを説いたようだが、それは人間だけでなく動物にも生まれ変わるらしい。マヤ文明にも同じ考えがある。

不滅の霊魂が死者の国や異界に留まるか、そこから脱して現世に戻るか、一段高位（あるいは下位）の異界にいくか。原初的なのは死者の国での永遠の滞在は耐えられないので、現世に転生するという観念、というより願望であろう。誕生、死、転生が永遠と続く。

❖異界の多層性

仏教の三界（欲界、色界、無色界）や六道の考えは、現世とは別次元の異界が何層もあるという考えである。異界の多層概念は多くの民族に見られるもので、宗教学者エリアーデは、それを北欧神話から借用して「宇宙樹」（世界樹）（ユグドラシル）と表現している。シャーマンは、何層もの異界を行き来できる特殊能力者である。(8)

もともと宇宙には異質の層が複数あるという観念が先にできて、それを垂直の木（樹あるいは山）で表現したと解釈する方が自然である。木でイメージされたのは天と地との垂直方向で人類が生活していたからであろうが、西や遠くの島に死後の世界をおく神話もある。これは水平方向である。いずれにせよ垂直・水平は現世の反映である。三次元世界の反映に過ぎない。仮に存在するなら、異界の空間と時間はこの世の規準とは異なるだろう。
宇宙樹は滅亡と再生を繰り返す。宇宙の多層が崩壊と誕生を繰り返すということなのであろう。北欧（ゲルマン）神話では、九つの世界の一つが死者の国（ニフルヘイム）である。神々の世界、人間界、死者の世界は宇宙樹で結びついている。人間界と死者の世界は高い門や橋で隔てられている。[9]
マヤの神話でも異界は多層である。地下にある死者の国ミクトランは魂の安住と安らぎの地である。これとは別に地下と天界（神々の世界）との間に楽園トラロカンが設定されている。楽園（ミクトランとどう違うのか。複数神話が混在している）には豊富なトウモロコシ、ガボチャ、トマト、豆、花などがあって、ここに四年間滞在した後、魂はもう一度現世に戻ってくる（生まれ変わり）。死と再生を永遠に繰り返す。トラロカンより上方には「肉体のない国」と「太陽の家」があって、そこに行けば、永遠の循環から解放される。[10]
仏教の三界《さんがい》、つまり欲界、色界、無色界は、すでに初期仏典「多界経」に述べられているが、ここでは、三界のほかに十八界、六界、二界も語られる。善業は天界、悪行は地獄に生まれ変わることも説かれている。後に天界と地獄はさらに多層となる。三界は、宗派によってことなるらしいが、四十近い多層から成っている。[11]
ダンテの『神曲』は、地獄、煉獄編、天国とも多層だが、垂直方向で視覚化されている。[12]
異界は多層となったが、もともとは、死者の国と現世は一つ（同じ）であった。人間の失敗で異界（死者の国）が創出したという神話がある。Ⅱでその話に移る。

❖小括

西洋（ゾロアスター教からキリスト教とイスラム）は、いわば円環的時間を切って線にして最初（神）と最後（神の裁判による天国と地獄）を創った。東洋（ヒンドゥー教と仏教）では解脱という概念で円環的時間を克服しようとした。

いずれにせよ現世での行為が来世（異界あるいはこの世）を決定する。

注

（1）以下の記述参照。下田淳『世界文明史』昭和堂、二〇一七年、第Ⅳ部。

（2）菊池達也「イスラム教における死生観と死後の世界」大城道則編『死者はどこにいくのか——死をめぐる人類五〇〇〇年の歴史』河合ブックス、二〇一七年、一二二頁以下。『コーラン』上、井筒俊彦訳、岩波文庫、一九五七年、二五一頁。

（3）ゲルショム・ショーレム『ユダヤ神秘主義』法政大学出版局、一九八五年、三七三頁以下。小高毅『オリゲネス』清水書院、一九九二年。市川裕「生と死をつなぐ想像力」細田あや子・渡辺和子編『異界の交錯』上、二〇〇六年、リトン、二一〇頁。

（4）青木健「古代ペルシアにおける「生と死」」松村一男編『生と死の神話』リトン、二〇〇四年、二〇三頁以下。

（5）ヴェロニカ・イオンズ『エジプト神話』酒井傳六訳、青土社、一九九一年。二六四頁、村治笙子・片岸直美＝文、仁田三夫＝写真『図説エジプト「死者の書」』ふくろうの本、二〇〇二年。

（6）『シュメール神話集成』杉勇・尾崎亨訳、筑摩書房、二〇一五年、四三頁以下。岡田明子・小林登志子『シュメル神話の世界――粘土板に刻まれた最古のロマン』中公新書、一六二頁以下。安田登『イナンナの冥界下り』ミシマ社京都オフィス、二〇一五年。

（7）以下参照。『リグ・ヴェーダ賛歌』辻直四郎訳、岩波文庫、三四頁以下、二二九頁以下、二四六頁以下、三三二頁以下、一九七〇年、『ヴェーダ・アヴェスター』世界古典文学全集 三、辻直四郎編、筑摩書房、一九六七年、一三七頁以下、『アタルヴァ・ヴェーダ賛歌――古代インドの呪法――』辻直四郎訳、岩波文庫、一九七九年、岩本祐編訳『原典訳 ウパニシャッド』ちくま学芸文庫、二〇一三年、九頁、七一頁以下、辻直二郎『ウパニシャッド』講談社学術文庫、一九九〇年、中村元『原始仏典』ちくま学芸文庫、二〇一一年。

（8）ミルチア・エリアーデ『世界宗教史』第三巻、島田裕巳訳、二一一頁以下、第五巻、鶴岡賀雄訳、三〇頁以下、第七巻、奥山倫明・木塚隆志・深澤英隆訳、三〇頁以下、第八巻、奥山倫明・木塚隆志・深澤英隆訳、一一四頁以下、ちくま学芸文庫、二〇〇〇年。ミルチア・エリアーデ『シャーマニズム』上・下、堀一郎訳、ちくま学芸文庫、二〇〇四年。

（9）H・R・エリス・デイヴィッドソン『北欧神話』米原まり子・一井知子訳、青土社、一九九二年、二二六頁以下。

(10) アイリーン・ニコルソン『マヤ・アステカの神話』松田幸雄訳、一九九二年、五二頁以下。

(11)『パーリ仏典 第一期 五・中部(マッジマニカーヤ)後分五十経篇Ⅰ』片山一良訳、大蔵出版、二〇〇一年、二五八頁以下。定方晟『須弥山と極楽——仏教の宇宙観』ちくま学芸文庫、二〇二三年、七三頁以下。

(12) ダンテ『神曲』地獄編、煉獄編、天国編(全三巻)、寿岳文章訳、集英社文庫、二〇〇三年。

Ⅱ——神話のなかの異界と「生まれ変わり」

❖ 死の創出

ユダヤ・キリスト教、イスラム、ヒンドゥー教、仏教あるいはゾロアスター教という体系的物語（教典）をもった世界宗教の歴史は、人類ホモ・サピエンス種を二十万年の歴史とすれば、「最近の登場」に過ぎない。世界宗教は、多くの脚色のはいった物語かもしれない。それ以前の人類の死後の想像力をみるためには、世界宗教以前の神話を探ることから始めるのが適当だろう。

分子生物学（DNA研究）の発展によって、ホモ・サピエンスは二十万年前にはアフリカに存在した一集団とされている。十万年前頃、アフリカを立ち、世界に拡散した。もちろんアフリカに留まった人々もいた。

「出アフリカ」から世界への拡散過程も大枠明らかになっている。アフリカを出たホモ・サピエンスは北へ向かう集団と東へ向かう集団に分岐した。東へ向かった集団はインド経由で東南アジアやオーストラリア大陸には五万年前に到達した。東南アジアから北上した集団は、北京付近に四万年前、日本列島に三万八千年前に到達した。ベーリング海峡（地峡）を渡って北東アジアからアメリカ大陸に移動したのが最終氷期の終わる直前の一万四千五百年前であった。他方、北に向かった集団がヨーロッパに四万五千年前、ロシアに四万二千年前に到達したと推定される。

「死の創出」神話はアフリカ全土にみられる。[1] 西アフリカのシエラ・レオネのコノ族の神話はこうである（以下、引用文は原文の省略等あり）。むかし、最初の男と女と彼らの男の子がいた。至高神は彼らに、三人とも誰も死ぬことはないが、年を取ったら体に合わせた新しい皮膚を付けるはずだと言った。神は新しい皮膚を包み、犬に人間のところへもっていくように頼んだ。犬は包みをもって出かけたが、途中で、米とカボチャ（アメリカ原産だから改変されている）のご馳走にありついている他の動物たちに遭った。食事中に彼は包みのなかのものを訊かれて、最初の人間たちに贈られる新しい皮膚の話をした。この話を横から聞いて、蛇はそっと抜けだし、包みを盗んで、他の蛇たちと皮膚を分けてしまった。犬はやむなく人間に皮膚が盗まれてしまったことを告白したので、人間らは神のところへ行った。しかし時すでに遅く、蛇は皮膚を放さなかったので、それから人間は死ぬようになった。蛇は町から追放されてひとりで暮らすという罰を受けた。そして、人間は蛇を見つけたら殺そうとするのである（神話学では「脱皮型」といわれる）。

シエラ・レオネのメンデ族の別ヴァージョンはこうである。[2] 犬とヒキガルが人類に死の伝言のために派遣された。犬は人間は死なないといい、ヒキガエルは人間は死ぬということになっていた。動物たちはそろって出発したが、途中で犬は道草を食った。彼は、こどもの食事を作っている女に遭い、おこぼれをもらうまで待っていたのだ。ヒキガエルは止まらずに、町まで来て、死が来たぞ、と叫んだ。ちょうどそのとき、犬が駆けて来て追いつき、生がきたぞ、と叫んだ。だが不幸にも遅すぎたのだった(「伝言型」)。

中国にも同じような話がある。(3)昔は、人は死ぬ必要がなかった。年をとると皮を脱いだ。それで若返った。しかし皮を脱ぐのはたいへん痛かった。ある女が皮を脱ごうとしたが、三日三晩やってもうまくいかなかった。耐えきれず。神様、死んでもかまいません。脱皮は嫌ですといって、その女は死んだ。それから人は死ぬようになった。

話の核は、神の使いの犬の失敗で(中国の場合は人間自身)人類に死がもたらされたというものである。犬の代わりに野うさぎや石女(人間)の失敗に帰するヴァージョンもある。これは不死の世界からの人類の追放である。

神の使いの失敗が死をもたらしたとする形態はズールー族にもみられる。神がカメレオンを人間に送って、彼らは死なないだろうと通知することになった。しかしカメレオンはのろのろ歩き、途中で果物を食べた。次に、神は、人間が死ぬだろうと言って、トカゲを送った。トカゲが先に着き、通知を伝え、それを変えることができなかった。

ザンビアのランバ族の酋長はもとは遊牧民であったが、定住して土地を耕したいと思うようになった。種をもたなかったので、神に使いを送り、少しくださいと頼んだ。神は使いの者に包みをいくつか渡し、包みのうちとくに一つは開けずにそのまま酋長に渡すように言った。神がこの点に固執したことが使いの者たちの好奇心を駆り立て、途中で泊った晩、包みを開けてしまった。彼らが禁じられた包みを開けると、死が出てきて世界に広がった。

これは神との約束を破ったため、死が訪れた例である。

次は、ザンビアのイラ族の神話である。最初の男と女は、神から、一つは生を、もう一つは死を入れている二つの袋のうち、どちらかを選ぶように言われた。一つの袋はキラキラ輝いていたので、愚かな夫婦はそれを選んだが、それには死が入っており、数日後に子どもたちの一人が死んだ。しかし、神は両親にもう一度チャンスを与え、彼らが子どもを生き返らせてくださいと乞うたとき、もし三日間食事を控えるならばそれをかなえてやろうと約束した。だが、空腹に我慢できず少し食事をとったので、それから人間は死ぬようになった。これらは、神との約束を破ったので死が訪れるようになったという『創世記』の神話に通じる。不死の国からの追放は『創世記』からの影響ではなく、反対に『創世記』の原型である。アフリカには、神との約束を破ったために、人間が死ぬようになったという神話が多くの民族に残っている。

オーストラリア・アボリジニーには以下の神話が残っている。(4)「夢の時代」にダイシャクシギの人々（女性を意味する）が姿を現した時、はじめに女性たちがやってきて、男性がその後に続いた。男性の一番手は、女性たちにあまりにもすぐ後に続いたと見なされ、他の男性たちに呪力をもつ骨で刺されて殺されてしまった。男を埋葬した後、女性たちが墓の周りで踊り始めると、死者は再びゆっくり地表を突き破って姿を現した。この様子を見たカササギ（男性を意味する）は舞い降りてきて男を槍で突き刺し、それから彼を踏みつけて再び地中に戻してしまった。悲しみにうちひしがれた女性たちはダイシャクシギに姿を変えて飛び去り、これにより人類は不死になる機会を失った。

ここでも人間の失敗の結果の死の創出である。嫉妬した男性（カササギ）による殺人がそれである。一度は死ぬが地下から復活する。最終的に男を殺したのも嫉妬したカササギ（男性）である。

アメリカ先住民・ブラックフット族には以下の話がある。[5] 老人は自分のつくった世界に何かが足りないと思った。粘土から女をつくった。子どももつくった。四日経つと女と子どもは動けるようになった。女は訊ねた。私たちが歩いたり動いたり息をしたり食べたりする、今の状態は何なの？　老人は言った、それが生きているということだ。女は言った。私たちはこの先ずっと生きつづけるの？　老人は答えた。ここにバッファローの糞がある。もしこれが水に浮かんだら、その時人々は死に、そして四日後に生き返る。女は言った。だめよ、このバッファローの糞では水に溶けてしまうわ。私はこの石を投げましょう。これがもし浮かんだら、私たちは永遠に生きて死ぬことはないの。石を川に投げ込むと石は沈んだ。これで人間は死ぬことになった。「老人」は神である。神は人間の不死を提案したが、ここでも人間＝女の失敗で（別の案を出した）で死が創出したという筋である。

同様にアメリカ先住民・カド族の神話では、この世界が始まった頃には、死はなかった。人があまりに増えすぎたので首長たちは集会を開いた。ある男が立ち上がり、人間を死なせて、しばらくいないようにして、後で戻すようにしてはどうかと言った。次にコヨーテが飛び出して人間は永遠に死ぬべきだと思うと言った。この小さな世界は人間を全部抱えるほど大きくないし、生き返れば全員に食べ物がいきわたらなくなるだろう。他の者は全員反対した。コヨーテを除く全員が、人間を死なせてしばらくいなくなるようにし、その後にもう一度生き返らせるのが良いと決めた。メディスン・マンたちが小屋を東に向けて建てた。完成すると、部族のものたちを一堂に呼び寄せて、死んだ人間はこの不思議な部屋で生き返るのだと言った。メディスン・マンの長が、彼らはこの草の小屋に死者の魂を呼ぶためにある歌を歌うと説明した。魂がやってきたら、それを生き返らせよう。最初の男が死んだ時、およそ一〇日にわたって、西から旋風（死者の魂）が吹き、草の小屋の回りで渦巻いた。コヨーテはそれを見て、旋風（死者の魂）がまさに小屋に入ろうとした時に、小屋の戸を閉めた。こうしてコヨーテは死を永遠にした。

メディスン・マンはシャーマンである。コヨーテはトリックスターである。先のダイシャクシギの話同様、人間は死んでも蘇るはずであったが、トリックスターの策略で死が永遠になったという筋である。

死の創出は、当然「死者の国」の創出につながっていくだろう。日本神話のイザナキ（イザナギ）とイザナミの話では(6)、イザナミが火の神を創る際に負った火傷で死んで、黄泉国《よもつこく》に行く。ここでは人間を創出する前に黄泉が成立している。黄泉は神々が死んで行く場所であったのか。愛する妻を失ったイザナキは彼女を取り戻すために黄泉に赴く。しかし、イザナミは黄泉の国の食料を食べてしまったから現世には戻れない（あの世の食物を食べると現世に戻れないという神話はアメリカ先住民にもある）。

妻を現世に連れ戻すチャンスはあった。しかしイザナキは、妻との約束を破って、妻の顔がみたくて櫛の歯を一本折って火を灯してしまう。そこに現出した光景は腐敗して蛆が湧いたイザナミの姿である。途中、イザナキは黄泉津平坂《よもつひらさか》で大きな石を置いて黄泉との国と遮断した。イザナミは怒って一日に千人の人間を殺すと言った。これに対してイザナキは一日に一千五百人を生むという。ここでは人間の生と死は同時に発生したことになる。逃げ戻ったイザナキは「醜悪で穢れた国」＝黄泉の穢れを祓うために禊ぎをする。

ギリシアのオルペウス神話も、妻の姿を見ないという約束を守れなかったため、現世への連れ戻しに失敗した。黄泉は地下にあるのだろうか。イザナミは穀物の女神オホゲツヒメ（ゲは穀物）を生んだから地母神であった。地母神＝豊穣神が黄泉津大神《ヨモツオオカミ》（死者の国の神）に変身するのはエジプトのオシリス神と同じである。死者の国を地下とイメージしたからだろう。『古事記』の神々を擬人化と捉えれば、すでにこの神話では「死者の国」は成立している。しかも「醜悪で穢れた国」である。イザナキが逃げる途中、石でふさいで黄泉との往来を遮断したのは、もともとは行き来が自由であったからである。

上述の神話群は、現世と「死者の国」はもともと同じ世界であったが、別世界になったということを表している。あるいは、元の世界は不死の世界だけであったが「死ぬべき人間の世界」が創出されたということである。しかし両世界は完全に塞がってはいない。死と誕生を通じてつながっている。

オセアニアの死の創出は半神半人の英雄マウイと結びつく。[7] マウイは女神ヒネに挑み、その身体＝子宮の中で殺される。ここに死が誕生した。しかし、オセアニアの人にとって死は故郷の冥界に戻ることを意味したと神話はいう。そうだとすれば、現世の死は冥界での誕生となり、此岸と彼岸はつながっている。

❖神話のなかの死者の国

ところで、マイケル・ヴィッツの唱えた「世界神話の起源」によれば、人類の神話群は、ゴンドワナ神話群とローラシア神話群から成っているという。[8] ゴンドワナ神話群はアフリカにいた時代のホモ・サピエンスがもっていた古層の神話で、最初の「出エジプト」で広まったものである。サハラ以南のアフリカ、インド、東南アジア、オーストラリアに見られるという。インドはアーリア人が入ってくる以前の神話である。東南アジアの先住民ネグリト系、オーストラリアのアボリジニー、太平洋のメラネシア系である。「人種的」には「黒人」の神話となる。物語性に乏しく、個々の話のつながりが弱いという。

一方、ローラシア神話群は、エジプト、メソポタミア、ギリシア、インドのアーリア人侵入後、ヨーロッパ、シベリア、中国、日本、ポリネシア、ミクロネシア、アメリカ大陸の神話だという。こちらは物語性が強く出ているという。

これによれば、ゴンドワナ神話群は一〇万年以前まで遡れる。中東起源のローラシア神話群は四万年前頃形成されたという。しかし、人類のヨーロッパへの到達が四万五千年前とするならば、ヨーロッパにゴンドワナ型が混入していても不思議ではないし、それは中国や日本でも同様であろう。また、古層のゴンドワナ神話群から「より文明化」されたローラシア神話群という進化論的発想が理解できない。むしろ、ゴンドワナ神話群の方が古層ならば「真実」が隠れているかもしれない。

本書では、ゴンドワナ神話群かローラシア神話群かの関係なく、各地の神話の「死者の国」をみてみるが、神話にみる「死者の国」は採取した欧米人によって、あるいは住民がキリスト教に改宗したことによって、改変されている可能性に注意しなくてはならない。それでも、基層を探ることはできる。

アフリカのムブンド族の神話から始めよう[9]。ある王様が本妻の死に悲嘆した。家来たちに喪に服すよう、その期間は妻が帰ってくるまで解かないと命令した。長老たちは有名な医者に相談し、医者は彼の家のなかに墓穴を掘り、自分の小さな子どもとともにそこに入った。妻には、墓に毎日水をかけるようにと指示して、墓穴は埋められ、医者と子どもは死者の国に向かった。ある村に着き、そこで死んだ王妃を見つけた。彼女は彼らにどこから来たのかと尋ねた。医者が王が悲しんでいることを告げると、王妃はそばの男を差し、彼を知っているかと訊ねた。医者が知らないと答えると、王妃は彼は「死」(神?)で、すべてのものを消滅させるのだと言った。それから、鎖でつながれたもう一人の男を指し、医者に知っているか訊ねた。医者が王に似ている男を見て驚くと、王妃は数年のうちに王は死ぬだろうと言った。彼女は、人はいったん死ぬと帰れないのだと言い、医者が死者の国に来た証拠に腕輪を与えた。医者の妻が墓に水をやっていると、医者と息子は大地から現れ出た。医者は王様に報告し報酬をもらった。喪は解かれた。

　ここでの医者はシャーマンである。シャーマンは現世と死者の国とのあいだを自由に行き来できる者である。ここに描かれたのは天国でも地獄でもない。単に死者の国と描写されるだけである。村もある。シャーマンは死者の国から死者の魂を現世に連れ戻す役割ももっていた。シャーマンの息子は地中から現世に戻る際、日の光を見て失神した。これは死者の国が暗い世界だから現世の日光で失神したのか、あるいは死者の国から現世への通路（トンネル）が暗かったからだという解釈も成り立つ。

ケニア・チャガ族のある女性は、ある事で悲嘆し自殺し死者の国に行った。彼女は老婆が子どもたちと一緒に住んでいる小屋に着いた。老婆は女性の面倒をみて、女性は老婆のために働き、死者の国の生活をともにした。長い年月ののち、彼女は家が恋しくなり、死者の国を去ることの許可を求めた。老婆は反対しなかったが、彼女に熱い方の（水？）と冷たい方のとどちらがいいかと訊ねた。冷たい方を選ぶと高価な腕飾りが付いていた。老婆は彼女にビーズの下着を与え、彼女は現世に戻り結婚した。

この老婆は死者の国の神であろう。死者の国では労働もあって、現世と同じ生活があるようだ。この少女はシャーマンである。シャーマンが現世に戻る保証が腕輪であった。少女がシャーマンであったのは、この話の続きで、少女は結婚したが夫が殺され、少女が呪術で生き返らせたことからもわかる。死者の国が現世の映し鏡のようで、人々は働き生活しているというヴァージョンは多いと神話はいう。(10)

北アメリカ先住民の神話でも、(11)死者の国はこの世の映し鏡である。だから、武器、食物、衣服、装身具、食器など死者の国で必要な物を副葬する。「あの世」への旅は困難である。荒れ狂う流れの上の沈みかける橋を（川を）渡り、暗闇で野営し、大草原を渡って、ようやく「美しい世界」（これはキリスト教の影響で天国か?)へとたどり着く。

アイヌの死後の世界は、[12]この世と全く同じ姿をしているが、昼夜、上下左右など全く「あべこべ」である。死後の世界(あの世)はポクナ・モシリと呼ばれる。神の国はカムイ・モシリで両世界は暗い穴でつながっている。この世はカンナ・モシリで、あの世とは暗い道でつながっている。あの世とこの世が暗い穴(トンネル)でつながっているという話は臨死体験談に類似する。現世、死者の国、神の国という三層構造である。また、魂は現世に転生を繰り返す。

オセアニア(太平洋諸島)では、霊魂は、西方にある特別な木の下に赴く。[13]ハワイではその木を「静かに招くパンノキ」と呼ぶ。木の枝の表面は乾いて折れやすく、反対側は緑である。乾いた枝をつかむと霊魂は「ポ」の深みに落ち込むのを免れる。

ポリネシア(ハワイからニュージーランドまでの広い海域)では、霊魂は無の世界の「ポ」に帰るか、死者の世界に入るかのどちらかである。死者の世界は現世の複製で、祖先が住んでいる。死者の国がどこに位置していても複数存在する。つまり死後の世界は何層にも分かれていて、その一つに「ポ」の層があり、ミルと呼ばれる炉で霊魂は消滅する。

ミクロネシア(フィリピン東の海域)では、死者の霊魂は死者の島か、天か地か、北方か西方に旅をする。死者の国の食料は無尽蔵である。悪行を犯したものの霊魂はもがき苦しみ、善を成した霊魂は祖先の世界(楽園)に行くという話はキリスト教の影響であろう。

中米マヤではキリスト教の影響で楽園としての天国があるが、ここに四年間滞在した後、魂はもう一度現世に戻る。最も高いところに昇らなければ、永遠にその循環が続く。[14]

南米アンデス（ペルー）・トゥパリ族では、死者の国に入るには川を小舟で渡る。死者の国には耕地が準備されている。人間は死ぬと「パビッド」になる。パビッドは死者の国に赴く。パビッドの死者の国では女性は妊娠し子どもを産む。病気になるとパパイアで治癒する。ペルーにおいては、魂は不滅で、いつの日にか別の世界（現世か異界）に生き返り、その世界で飲み食い、安楽に暮らす。[15]ここでも死者の世界は現世の映し鏡が多く見られる。妊娠・出産は生まれ変わりの発想である。

それに比べて、メソポタミアの冥界は一見すると暗い。シュメルのイナンナ、アッカドのイシュタル女神が下った死者の国では、すでに神による審判（前述した死の判決）が登場する。これがエジプトに影響した可能性は大きい。

一方、『ギルガメシュ叙事詩』には、ギルガメシュが暗黒の中を進んでいくと、「まばゆい光の世界」に到達するとある。そこは、宝石の庭があり、紅玉髄の木は実をつけ、ブドウの房が実り、みるに心地よかった。[16]楽園の発想が登場する。

冥界の入り口が「穴」でイメージされる場合がある。『旧約聖書』の死者の国シェオールの入口は暗い穴であるが、シェオール自体の描写はないが、ここは地下である。シェオールとは別に旧約の列王記には預言者エリヤが天に昇る話がある。[17]

「一台の火の戦車と火の馬が現われ、この二人の間をわけ隔て、エリヤはたつまきに乗って天に昇っていった」(列王記、第二、1章)。二人とはエリヤと弟子のエリシャである。天は神のいる天国を意味している。天国に昇ったということであるが、エリヤの魂は、その後も弟子エリシャのもとにいるのである。「預言者のともがらは、遠くから彼をみて、エリヤの霊がエリシャの上に留まっていると言った」。

創世記二八章には、ヤコブが夢のなかで、天に向かって梯子がかけられ、神の使いが昇り降りしているのを見たという記述がある。[18] だから『旧約聖書』にも天と地に異界があることになる。天は神の国、地下は暗い世界といった、後のキリスト教の天国と地獄が暗示されている。しかも霊は、異界と現世とを往来可能である。

立花隆『臨死体験』の体験談に、「私の姉は六才で病死したのですが、最期の言葉は、おかあちゃん、捕まえていて。穴へおちる、おちる、捕まえていてーといって死んだそうです。母は何度も私にそのことをいい、人間は死ぬとき、穴に吸い込まれるようになるらしいと申しておりました」。[19] この穴が異界に通じるのかはわからないが、なぜか筆者の脳裏に焼き付いている描写である。

ギリシア神話[20]の冥界の霊魂は透明で実体がなかった。冥界の神はハーデースである。ハーデース神は死者の国の名前そのものとして知られるようになる。ハーデースに行くには川を渡らねばならなかった。ハーデースの描写は太陽が行き渡らない暗い世界と記されているから地下がイメージされているのか。冥界に入る手前にペルセポネーの森と呼ばれる入り口があった。ここには黒いポプラと実を結ばない柳が生えていた。ハーデースの王国の門には、五十の頭をもつ番犬ケルベロスがいた。ハーデースにはいくつかの川が流れており、レーテ川の水を飲むと過去を忘れた。ハーデースはプルートーンとも呼ばれ、その妻がペルセポネーであった。

ペルセポネーは「光を破壊する女性」あるいは「目もくらむような光明」が語源といわれる。両者は対立概念であるが、冥界が暗い世界ではなく、光に満ちた世界でもある可能性も示唆している。ヘカテーも異界の神でもともと月の神であった。この異界は天界にあったが、ヘカテーはカベイロスによって地下のアケローン川に投げ込まれ、冥界の神となった。ハーデースの臣下に、タナトスとその兄弟ヒュプノスがいた。

死者の霊魂は地上を離れると、透明な存在となった。勇気や知性は消えたが、特権的な人物は地上に住んでいた時と同様の生活をした。これは、特権者だけが、現世の映し鏡の世界に行けたということか。あるいは、死者の国は現世の映し鏡だが、特権者は裕福な生活を続け、民衆は透明の存在のような哀れな生活を送ったということなのか。

霊魂が、ハーデースと三人の補佐役によって審判される法廷に出廷したという話もあるが、後世のものであろう。審判の概念は、おそらくエジプトの影響である。

ローマ神話では、異界描写はほとんどない[21]。キケロは『国家論』のなかで、小スキピオは、祖父

（大スキピオ）に、父パウルスや死者も実際は「生きているか」と訊ねる。大スキピオは、その通りだ。牢獄から解放されるように身体の束縛を逃れた人々はすべて生きている。一般にいう生は実は死なのだ、と語っている（後述）。異界から見れば、現世への誕生は死となるのだろう。

ゲルマン神話のヴァルハラやケルト神話のアヴァロン[22]は、戦士たちの死後の楽園として描かれる。夜ごと饗宴が催される。これはキリスト教に影響された後世の産物なのか。

以上を総合すると、原初的発想によれば、死者の国は「現世の映し鏡」である。暗い世界や楽園の発想は後世であろう。因果応報は原初的には全くない。

❖神話のなかの「生まれ変わり」

「生まれ変わり」の話を神話のなかでみてみよう。

太平洋のメラネシア（オーストラリアより北方、ニューギニアから東の海域）では、[23]霊魂は二つあって、一つは地下の死者の国に赴く。もう一つは人間を含めた動植物に入り込み、生まれ変わるという。死者の世界への道は危険で、その入り口には門番がいる。死者の世界に入っても、普通の霊魂は影響力のある強力な霊魂に食べられるという。

アフリカ・モザンビークのロンガ族の神話にはこうある。[24] 水汲みにいく途中壺を割った娘が、悲しみのあまり、縄が欲しいと叫び（この文脈意味不明）、見上げると雲から垂れてくる縄がみえた。それを昇りながら、彼女は空中に荒れた村を発見した。そこに座っていた老婆に何が欲しいのかと訊ねられた。彼女が身の上話をすると、老婆は、彼女に歩き続け、たとえアリが耳の中に潜り込んでもそのままにしておくように告げた。娘はその通りにし、やがて新しい村に着くと、アリが彼女に腰を下ろすようささやいた。門のところに腰を降ろすと、輝く着物を着た長老たちが来て、何をしているかと訊ねられた。娘は赤ん坊を探しにきたと言った（主題が変わったが、別話との混合だろう）。長老たちは娘を家に連れて行き、籠を渡し、畑からとうもろこし（アメリカ産なのでもとは別の作物だろう）を少し集めてこいと言った。長老たちは、彼女の仕事の仕方と、アリの指示で彼女がつくった料理を見て喜んだ。

翌朝、長老たちは、赤と白の着物にくるまった赤ん坊を数人置いた。アリが白い着物の赤ん坊を選ぶよう指示した。長老たちは彼女にその赤ん坊とたくさんの着物とビーズをくれた。それから彼女は家族のもとに帰る道を見つけた。

モザンビークの神話によれば、赤ん坊たちが天国（この言葉はキリスト教的に改変されている。あの世と訳した方が良い）でもうけられ、選ばれた（誰に選ばれるのか不明）両親に赤ん坊が授けられる話は多いという。輝く長老たちは神々であろう（あるいは高級霊）。赤ん坊は現世に生まれる魂を意味している。この神話では、赤ん坊を選んだのはアリの指示を受けた母親（壺を割った娘）になっている。赤ん坊を失った母親が、赤ん坊の「生まれ変わり」を願うことが示唆されている。

アボリジニーの神話に以下のような話がある。(25) 月のバールーは女の赤ん坊のつくり手であった。カラスのワーンはその作業をときどき手伝った。森のトカゲのブーマヤームルは時には、バールーの手を借りて男の子をつくった。バールーとワーンは一緒に住んでいた。ある日、ワーンは言った。いつも新しい赤ん坊を生まれさせる代わりに、死者にもチャンスを与えようじゃないか。彼らを生き返らせるんだ。駄目だとバールーは言った。悪者の霊はエレアーンバー・ワンダーと一緒にいる。善良な霊はブリマーにいるが、好きなところをうろついている。そのままにしておけ。ワーンは言った。

最近はたくさんのものが死んだ。みな死なせてしまうと、この世には人はほとんどいなくなるだろう。バールーは言った。心配するな。もっと赤ん坊をつくれ。そして死なせろ。たびたびワーンはバールーに説いて死者を蘇らせることに加わらせようとしたが、バールーは言った。放っておけ。死者の霊たちはもう他の人たちのなかに移っているかもしれない。（中略）

バールーと妻たちは赤ん坊つくりを始めた。ブーマヤームルが男の子をつくって協力した。この二人はたくさんの男と女の赤ん坊をつくり、地上の子どもたちとして生まれたり転生してくるのを待っている子どもの霊を受け持つワラーグルーンブーアンワンのもとに送った。前に子どもだった霊や若くして死んだ霊たちは、自分が行きたいこの世の母の名をいうように彼に言わされる。ワラーグルーンブーアンワンは、その女たちのところへ霊を化身させたり転生させたりする。この世で母をもったことがなかったり、母親や他人も思い出せなかったりする子どもの霊たちは、チャンスをみつけなければならない。そこで、子どもの霊が待ちかまえている枝の下を最初に通る女が、その子どもの霊に選ばれて母となる。

これは、霊魂の転生話である。若くして死んだ霊魂は、自分の行きたい母、とくに前に母親であった者の子として生まれ変わると、神話はいう。幼児死亡率の高かった時代の願望の反映に過ぎないのか。バールーは月の神でブーマヤームルは森の神である。月も森も異界であった。異界で新しい霊魂をつくったり、死んだ霊魂を現世に転生させたりするという筋である。

ペルーの先住民の神話(26)では、人間は肉体とは別に二つの霊魂をもつという。一つは生命の霊魂であるアトゥン・アハヨで、これが肉体に必要なあらゆるものを支える。この霊魂が肉体を離れると肉体は死ぬ。アトゥン・アハヨは、八日の服喪期間家に留まり、家族と一緒に食事をする。死後も不滅なのはこの霊魂である。もう一つはフックイ・アハヨという霊魂で、この霊は肉体が睡眠中に肉体を離れることができ、彷徨って受けた印象を夢の形で伝える。

この神話はエジプト神話のカアとバアという二つの霊魂に類似している。自由に飛翔できる霊魂はシャーマニズム的性格のものである。(27)

アトゥン・アハヨは定期的に生者の世界に帰還するが、霊魂のいくつかは、岩、川、湖、その他もろもろの地勢となる。アトゥン・アハヨは転生するものもあれば、転生しないものもあるということを言っているのだろう。ペルーのトゥパリ族では死者は「パビット」と呼ばれるものとなり「パビットの村」(死者の国)に赴く。そこで男女のパビットは交わって子どもを産み落とす。これは生まれ変わり・転生を示唆している。

メキシコ先住民の神話(28)では、天国に通じる梯子と地獄に通じる梯子があった。この辺はキリスト教の影響を受けている。梯子には階段があり、各段に世界があった。天国への最初の階段の国はトラロカランと呼ばれており、一種の楽園であった。ここは再生の場所で、ここに四年間滞在した後、魂はまた現世に戻る。もっと高いところに昇ることができなければ永遠に生と死の循環が続く。トラロカロンの上にもう二つ楽園があり、ここはより精神的に高みに到達した霊、完全に浄化された霊の場所であったが、一番上の「太陽の家」に昇らなければ転生を止めることはできなかった。ここは高度に精神性を高めた霊の場であった。

この記述は、後述する東洋・西洋の輪廻転生論の構造に類似していて重要である。他方、下方にはミクラトンという死者の国があったが、ここから脱出することができたかは不明である。また、生前の生き方がその人の死後の未来を、あるいは現世に戻って来るか来ないかを決定したという因果応報もあったようだ。以上の神話はスペイン人が持ち込んだかもしれない西洋の輪廻転生論の影響の可能性もある。

二つの霊魂という考えは、先のメラネシアの神話にもあったが、キリスト教化の遅れたラトビア、エストニア、旧プロシアにもあった[29]。一つはシーラで木、鳥、動物、人間の赤ん坊に生まれ変わる。もう一つのヴェレは異界（あの世）へと赴く。ヴェレは異界に住むが定期的（祭りの日）に家族のもとに帰還するという。

定期的に現世に戻ってくるという筋は祖先崇拝の核であるので、ここでは、転生論と祖先崇拝との矛盾を見事に解決している。リトアニアでも、死者の魂は、人間や動物へ生まれ変わると信じられていた[30]。

日本のアイヌの場合は、人は死ぬとポクナ・モシリという「神の国」（ここは現世の映し鏡だという）に行き、再び生まれ変わる場合もある。親族に転生するようである。ある伝承によれば、人の体は死とともに休む。しかし魂は生きている。再びこの世に戻る。自分の親族のところへ戻ってくる。若い夫婦が妊娠するときに帰って来るという[31]。

グレンベックは、ゲルマン人は、先祖が氏族の誰かに生まれ変わる観念をもっていたというが、『エッダ』には生まれ変わりが詳しく述べられている話はない。ただ「ヒョルヴァルズの子ヘルギの歌」では、ヘルギとその妻スヴァーヴァは生まれ変わったと記されている[32]。また、『北欧神話』を書いたデイヴィッドソンはこう記している。

「死者の領域に対するヴァン神族の力は、オーディン崇拝のようなほかの世界への旅というよりは、むしろ生まれ変わりに結びつけられている。（中略）フレイ自身が個々の王という人物として生まれ変わるという示唆がある一方、同時に、死んだ王はこの世において神と同一視され、その先祖の仲間に加わるのである。（中略）キリスト教では否認されたにもかかわらず、残存していた伝説があり、キリスト教徒の聖者、オーラヴ・ハラルドソン王はゲイルスタッドの妖精と呼ばれた先（先祖）のオーラヴの生まれ変わりだというものであった」[33]。

ケルト人も親族への生まれ変わりの観念をもっていた[34]。ケルトにはドルイドと呼ばれる僧がいて、彼らの教えでは、人間の霊魂は不滅で次々と転生を繰り返す。死は長い生の束の間の期間に過ぎない。あの世は病気も煩悩もない愛で満たされた世界である[35]。

生まれ変わりの観念は世界の多くの民族にみられるもので、竹倉史人は親族の誰かとして生まれ変わる形態を「再生型」と呼んでいる[36]。

中国古代の民間信仰にも、先祖の生まれ変わりの考えがあった。死者の埋葬は家屋や敷地でおこなわれ、死者の魂が家の土に染み込んだ。女性の妊娠は土そのものから体内に新しい命が宿ったものであった。あるいは先祖の霊が家の片隅に漂っているという信仰もあった。死者の住処は黄泉《こうせん》と呼ばれたが、そこから先祖が帰ってきて、女性のなかに入るということなのか[37]。

岡村道雄は日本の縄文時代には、少なくとも死産児や早死にした子どもの遺体は、居住地の傍に埋葬したという。これは死んだ子の生まれ変わりを願う風習であったと述べている。[38] 渡辺誠も、縄文時代以降、甕に入れた死産児を玄関の床下や便所の脇など女性が頻繁にまたぐ場所に埋める風習があったと述べている。これも死産児の魂の生まれ変わりを待つものであった。さらに渡辺は「胎内くぐり」や「茅の輪くぐり」も死と転生の観念から来ているという。「胎内くぐり」は、山岳や霊地を他界または胎内とみて、その中を通り抜けることで転生する。これは仏教と習合した。「茅の輪くぐり」は、束ねたカヤの大きな輪をくぐることで転生する。こちらは神道と習合した。これらは、縄文時代から続く、生まれ変わりの観念が儀式化したものだという。[39] 縄文人は身近な人が死んだら土偶を壊して、新たに作った。[40] これも死んだ魂が転生する儀式だったのだろうか。転生観念を縄文人がもっていたことは間違いない。

国文学者折口信夫は、日本古代に転生信仰があったと考えていたようである。「一体、死ぬということは神道ではどう扱って来たか、（中略）死は、生き返るところの手段と考えられていたらしいです。つまり、日本の古代信仰は、死ぬものは生き返って来なければならないと考えて居るから、本道（本当）の死というのはない訣です」。これは沖縄も同じで、あの世は次の転生のための安息所であった。[41]

朝鮮半島には次のような伝説がある。[42] 一人の老僧が燃灯会（高麗時代の仏教行事）を開いた際、そこに凡人とは思えない一人の少年が参観していた。燃灯会終了後、老僧はその少年の後を追った。

少年はついてきてはいけないと言ったが、老僧は少年の家まで行ってしまった。実は少年は虎で、すぐに兄の虎たちが戻ってきた。少年とその母親（虎）は、なんとか兄虎たちに老僧が食べられるのを防ごうと、兄虎たちを餌探しに行かせた。村で兄虎たちが暴れたので、村人は檻を設置し、明朝、虎を捕獲することにした。それを知りながら、少年（虎）は檻に入った。そこに老僧が来た。少年虎は、「わたしはある村のある家で、男の子に生まれ変わります。十二・三歳になりましたら法師をお尋ねしますので、剃髪してお導き下さい」と言って死んだ。それから十五年後その通りになった。この話は、すでに仏教が入った後の設定になっているが、もともと、転生の観念が朝鮮半島にも存在した可能性を示唆している。

アフリカ・ケニアのルイア族の神話では、[43]身体障害で生まれた子ども（例えば指が一本多い）は、この不運を家族から引き離す儀式をした後、河の土手に捨てられた。また死産の子どもを続けて生む母親もいた。同じ子どもが毎回生まれると信じられていた。だから、遺体に印をつけた。すると次に生まれた子どもに同箇所にあざがついていた。これも、同じ子どもの魂が、同じ母親のところに生まれ変わることを暗に述べたものである。

祖先が子孫に生まれ変わる神話もアフリカに多い。子どもが生まれると、さまざまな方法で、その子に生まれ変わった祖先の名が調べられる。その祖先が確定すると、子どもに、その名前をつけるという。興味深いのは、誕生する前、人の魂は至高神のところへ行って、来世における一生についての希望を述べる。それが来世の運命となるということである。「生前に定められた運命」という。ただこの運命と対抗していく力も与えられる[44]。

ズールー族の戦争の詩の一説にこうある。「この場合、わたしは両手を開いて広げ、出来事にそれぞれの道をたどらせましょう。死と再生、絶滅と創造は一つのもの、存在は永遠であり、変化は形にすぎません。物質からすべてのものは進化し、地球の者はおのれに降りかかった災厄から学ぶでしょう[45]」。

❖シャーマンのみた異界

シャーマンという言葉は、東シベリア・ツングース語系の saman に由来する。シャーマニズムは、もともと、シベリアと中央アジアの宗教現象と捉えられていた。日本語では呪術師や霊媒師などと訳される。シャーマンの能力は、脱魂（ecstasy）と憑依（possession）に大別される。いずれもトランス状態で、前者は身体から魂を離脱させ、異界に赴く。後者は、シャーマンに霊的存在が憑依することをいう。いずれも霊界との接触で予言や病気治癒をおこなう。シャーマニズムは世界各地の歴史に確認される。

シャーマンの型としても脱魂 ecstasy と憑霊・憑依 possession が学術的に使われる。ここでは前者のみ対象とする。エクスタシーとは、ギリシア語源で「外に立つ」という意味だから脱魂は適訳であろう。トランス状態のなかで体から魂が抜け出て、上昇したり下降したりする。脱魂は、臨死体験の際にみられるという体外離脱や幽体離脱 out-of-body experience と同種のものと理解できるが、脱魂はシャーマンが意図的・主体的にそれを操作できる点が異なっている。

エリアーデの定義によれば[46]、シャーマンの魂は、天界に上昇し、地下に下降し、もしくは空間遠く飛翔する。その目的は、①病人の魂を探す。②生贄にした動物の魂を神々に運ぶ。③死者の魂を地下界（冥界）あるいは新しい住居（別の異界?）に導くことである。シベリアのシャーマンの入会儀式（イニシエーション）では、シャーマンの肉体は冥界で解体され、再生される。

シベリアのアルタイ系シャーマンは七つの連続した階層（プダク＝障碍）を垂直に降りていく[47]。シャーマンのまわりには先祖たちや補助霊がお供している。それぞれのプダクを通過するごとに、彼は新しい地下界の神の顕現を見る。第二のプダクでは金属音を聞く。第五のプダクでは波が逆巻き風が唸っている。最期の第七のプダクでは（ここに地下界を流れる九つの河がある）、石と黒粘土でつくられ、あらゆる方角に防備を固めたエルリク・カーンの宮殿を見る。そこでシャーマンはエルリク・カーンに長い祈りを捧げる。それからユルト（現世の家）に戻り、聴衆に旅の結果を語る。

別ヴァージョンは、異界への穴に入っていくと、まず平野に出、それから細い橋が架かっている海に出る。橋を渡るとエルリク・カーンの住処に向かう。召使いに贈り物をして懐柔しカーンのユルトにはいる。シャーマンは自分の名と先祖たちの名前を言い、エルリクに酒を飲むよう誘う。エルリクは酒を飲み干す。これらの冥界下降は、病人の魂を発見し連れ戻すためにおこなわれる。逆に、死者の魂をエルリクの国へ連れて行くための場合もある。

死者の国（冥界）はこの世の「逆さ映し」となっているが、現世と同じ生活がある。エスキモー・シャーマンの行く冥界も逆さまの世界である。冥界の食べ物を食べると現世に戻れないので食べない。アイヌの冥界も現世とあべこべであることは前述した[48]。

シャーマンは鳥の衣装を着けている例が多い。エリアーデによれば、宇宙樹にとまっている鷲といった神話的関連があるという[49]が、飛翔する魂の象徴である。骨を模した衣装もある。骨は死者を表す。

ところで、単純に結びつけるのは危険であるが、神話にみられる「神々の冥界下り」はシャーマンの冥界下りの反映ではないのか。シャーマンは死んだ死者の魂を冥界に行って探し現世に持ち帰り蘇らせることもあるからだ。これはエリアーデも気づいていた[50]。エリアーデはユカギール人の例を紹介している。

シベリアのユカギール人は、死後、魂は三つに分かれる。一つは遺体に残り、一つは冥界（影の国という名の死者の国）に行き、もう一つは天界（神々の国？）に行く。シャーマンが病人の魂を探しに行くのは影の国である。そこには冥界の門番がおり、川を舟で渡る。影の国は現世と同じような生活をしている。冥界の食物を食べるとシャーマンは現生に戻れないというのも神話と同じである。さらに、シャーマンは、別の理由で影の国へ行く。その国から魂を盗んできて、それを婦人の子宮に入れ、魂を地上に生まれさせる。死者の魂は現世で新しい生活を始める。これはまさに転生のことである。

以下は、ゲルマン神話の英雄ハディングスの冥界下降の例である。[51] ハディングスが夕食をとっていると突然一人の女が現れ、自分についてくるよう頼む。二人は冥界に下り、じめじめした暗黒地帯を横切っていくと、一本の踏みならされた道に出る。その道に着飾った人々が歩いている。二人はそれから、あらゆる種類の花の咲いた陽の当たる場所を通り、川に出、橋を渡る。互いに戦っている二組の軍隊に会う。女によれば、戦は終わることはない。彼らは地上での戦争に倒れ、今なお、戦闘を続けている兵士たちである。最期に二人は壁につきあたる。女はそこを通過しようとするがダメである。そこで彼女は連れてきた雄鶏を殺し、壁の上に投げる。少したつと雄鶏は生き返り、壁の向こうで鳴く声が聞こえる。

ここで登場する女はシャーマンである。川（橋）が現世と異界を隔てている。さらに壁の向こうにも異界があるようだ。雄鶏の生き返りは、英雄ハディングスのイニシエーションを意味しているのだろうか。

かつてアメリカ大陸・南カリフォルニアあたりにくらしていたチュマシュ族の事例は以下の通りである。(52)

昔アクシワリクという名前の肺病人がいた。アクシワリクは賢人(おそらくシャーマン)の一人であったが、病を治す自分の能力の限界を感じ、村を出て死に場所をもとめた。彼は海に向かい、波打ち際にそって歩いた。夜になり休憩するために立ち止まり座り込んだとき、驚くべきものを見た。

一つの光が絶壁から出現したのだ。彼は光を捕まえようと試みた。光をわしづかみにした。光は小さなペレペルと名乗って、放してください、家に帰りたいですと言った。アクシワリクはこれを聞くと、ペレペルに、自分を一緒に連れて行くように言った。

二人は絶壁の小さな穴から入り、長いトンネルを下降していった。トンネルのつきあたりで大きな家に着いたが、ペレペルは姿を消していた。大きな家の中にはたくさんの動物がいるように思われた。コヨーテ、熊、山猫、その他大勢の四つ足動物が、アクシワリクの上に排便した。

老鹿が近づいて、アクシワリクに、なぜおまえはここにいるのかと訊ねた。私は病人で回復できずにいると答えた。そこで動物たちはアクシワリクを入浴させ、アクシワリクは快復し食事を始めた。

彼を癒やした老鹿(冥界の神?)は、アクシワリクを送り返した。彼は自分の村に戻った。彼は三日と思ったが、現世では三年が経っていた。異界と時間が違うのは浦島子伝説に通じる。

この話は弱ったシャーマンが能力を取り戻すことを示唆している。そのために、異界に行かねばならなかったが、一人では無理なのでペレペル（補助霊?）の援助が必要であった。

冥界が現生の映し鏡になっていることを、アルタイ系シャーマニズムを研究したハルヴァが述べている。(53) 冥界でも仕事があり生活がある。ただ地上とは逆さまになっている。昼が夜で、夏が冬というように。死後の世界には審判も因果応報もない。シャーマンの仕事は死者の霊魂を無事に死者の国に送り届けることである。シベリアのアルタイ族も多層世界の観念があり、天地でそれぞれ七層や九層ある。

おそらく仏教との接触で、次のような伝説もある。(54)

冥界の王（神）イルレ・カンの娘は、黒いキツネになって地上で悪事をいろいろ仕掛けた。ある時、英雄コムディ・ミルゲンがこのキツネを追いかけるうち道に迷い、足まで折ってしまった。するとジルベゲンという九首の怪物が大地から現れた。怪物は英雄の首を切り落として、下界へ運び去った。

英雄の妹クバイコは、兄の屍にとりすがって泣いているうちに、首がなくなっているのに気づき下界へ探しに行く。彼女は怪物の足跡をつけていくうちに、イレル・カンの国に通じる穴を見つけた。その道で迷い歩いている間に不思議なものを見た。一つの桶からもう一つの桶にいつまでも乳を注ぎ続けている女、砂漠で杭につながれている馬、ある所では人間の半身が川をせきとめていた。他のところでは全身でも川を堰き止められなかった。

クバイコはさらに進んで地の深く降りて行った。だんだん強い槌の音が聞こえ始め、やがて四十人の男たちが鋸四十挺とやっとこ四十挺をつくっていた。少女は一つの流れの岸に着いた。川は高い山のふもとを流れており、山の上にはイルレ・カンの四十角の大きな石家があった。入口の前には一本の株に九本のカラ松が生えていた。九人の冥土の諸侯が馬をつなぐこの樹にクバイコも馬をつないだ。

少女クバイコは冥土の王の住処に入り、戸を閉めた。なかは真っ暗であったが、見えない手につかまれて着物は引きちぎられ、押さえつけられた。クバイコは不安で声をあげると扉が開いて部屋に光が差し込み、下界の諸侯の首領アタマンが少女のところへやってきた。少女はその後についていった。空っぽの部屋をいくつも通りぬけて。やがて人間のようなものがいる小部屋にやってきた。そこに夢中で糸を紡いでいる老婆がいて、その他の部屋にもいたが仕事はしていなかった。老婆たちは何かを飲み込もうとしているのだが、喉のところで詰まっていた。三番目の部屋には中年の女がいて首に大きな石をつけていた。手にも石がついて動けないようだった。第四第五……第八まで続くが、ここは餓鬼や地獄の描写である。第九の部屋には一組の夫婦が安らかに眠っていた。第十の部屋に八人の冥土の諸侯が車座になって、そのなかにイルレ・カンがいた。クバイコは王侯らにお辞儀して、なぜ兄の首を切り落として持ち去ったのかを尋ねた。王侯らは、もし七つの角をもった羊を大地から引き離してくれれば頭は返してやろうと言った。羊は大地にのめりこんでいて角だけみえるという。クバイコは応じた。

彼女は冥土の王侯に連れられて人間の頭がいっぱいつまった九つの部屋を通った。これらのなかに兄の頭もあったので少女は泣いた。十番目の部屋にその羊がいて、クバイコは羊を引っ張り出した。冥途の王侯らは彼女の強さを目の当たりにし兄の頭を返して、先のカラ松の根元に持ってきた。

クバイコは、帰路、冥界でみたことの意味を王侯らに尋ねた。乳を桶から桶に移している老婆は、生前、水を混ぜた乳を客に出した罰を受けている。第三の部屋で、首と腕に石をぶら下げていた女たちは、バターを売ったとき目方を上げるために中に石を隠していた連中等々、生前の悪事の報いを王侯は答えた。

説明を聞くと、王侯らと別れ、クバイコは兄の首と胴をくっつけて、神（イルレ・カン）から貰った生命の水を振り掛けて死者を生き返らせ、現世に戻った。

ここには因果応報の概念が明確に読み取れる。クバイコがシャーマンであることは明らかである。兄の魂（頭）を探しにいったのである。カラ松の根元は宇宙樹の生命創造の場所なのだろうか。そういえば、北欧『エッダ』の世界樹の根元にも生命の泉がある。(55)

シャーマンの描く異界は神話のそれに酷似している。シャーマンの異界が神話となったようにも思える。

❖小　括

死者の国は、現世の映し鏡、死者の国は多層世界（宇宙樹）である。霊魂は実体（複数の場合も）がある。霊魂が現世に生まれ変わる場合（転生）も死者の国に留まる場合もある。死者の国に行くのは困難を伴う。審判による裁きはない（因果応報はない）。

それに対して、世界宗教に共通しているのは現世の行い（カルマ）の審判による来世の決定である。因果応報である。古層・基層は前者である。

とはいっても、私は、「未開人」の「原始宗教」から「文明人」の世界宗教に発展するといったような進化論的立場はもちろんとらない。むしろ基層に、人類共通の「何か」が隠れていると思っている。

注

(1) ジェフリー・パリンダー『アフリカ神話』松田幸雄訳、青土社、一九九一年、一一六頁以下。
(2) 阿部年晴『アフリカ神話との対話』三恵社、二〇一八年、二三頁以下。
(3) 『中国昔話集』一、東洋文庫、馬場英子・瀬田充子・千野明日香編訳、平凡社、一九八頁。
(4) ロズリン・ポイニャント『オセアニア神話』豊田由貴夫訳、青土社、一九九三年、三三二頁以下。
(5) R・アードス、A・オルティス『アメリカ先住民の神話伝説』下、青土社、一九九七年、二四一頁以下。
(6) 『古事記』倉野憲司校注、岩波文庫、一九六三年、二八頁以下。『古事記』中村啓信訳注、角川ソフィア文庫、二〇一九年、二六三頁以下。『日本書紀』井上光貞監訳、中公文庫、二〇二〇年、一〇二頁以下。
(7) アントニー・アルパーズ『ニュージーランド神話』井上英明訳、一九九七年、一〇七頁以下。
(8) 後藤明『世界神話学入門』講談社現代新書、二〇一七年、八頁以下。
(9) パリンダー『アフリカ神話』一三八頁以下。
(10) オセアニアのメラネシアでも冥界は現世のレプリカだという(白川千尋「近くて遠い異界」細田あや子・渡辺和子編『異界の交錯』上、二〇〇六年、リトン、四〇〇頁)。
(11) P・R・ハーツ『アメリカ先住民の宗教』西本あづさ訳、青土社、二〇〇三年、一三三頁以下。
(12) 山田孝子『アイヌの世界観——「ことば」から読む自然と宇宙』講談社学術文庫、二〇一九年、五一頁以下。古東哲明『他界からのまなざし』講談社選書メチエ、二〇〇五年、三〇頁。
(13) ポイニャント『オセアニア神話』一四五頁以下、一七二頁以下。
(14) アイリーン・ニコルソン『マヤ・アステカの神話』松田幸雄訳、一九九二年、四六頁以下。

(15) ハロルド・オズボーン『ペルー・インカの神話』田中梓訳、青土社、一九九二年、二三四頁、二六六頁以下、二九〇頁以下。
(16) 渡辺和子「メソポタミアの異界往還者たち」細田あや子・渡辺和子編『異界の交錯』上、二〇〇六年、リトン、二二三~二二四頁。
(17) ハワード・ロリン・パッチ『異界——中世ヨーロッパの夢と幻想』黒瀬保他訳、三省堂、一九八三年、八頁。
(18) 三津間康幸「シリア・キリスト教における梯子物語」『異界の交錯』上、一〇五頁。
(19) 立花隆『臨死体験』上、文春文庫、二〇〇〇年、三七頁。
(20) フェリックス・ギラン『ギリシア神話』中島健訳、青土社、一九九一年、二四八頁以下。
(21) スチュアート・ペローン『ローマ神話』中島健訳、青土社、一九九三年、一七〇頁以下。
(22) トンヌラ・ロート・ギラン『ゲルマン、ケルトの神話』清水茂訳、みすず書房、一九六〇年、二四頁以下、一四五頁。
(23) ポイニャント『オセアニア神話』二五二頁以下。
(24) パリンダー『アフリカ神話』一四二頁以下。
(25) K・ラングロー・パーカー『アボリジニー神話』松田幸雄訳、青土社、一九九六年、五二頁以下。
(26) オズボーン『ペルー・インカの神話』一六四頁以下、二六六頁以下。
(27) 村治笙子・片岸直美=文、仁田三夫=写真『図説エジプト「死者の書」』河出書房新社、二〇〇二年、七二頁以下。
(28) ニコルソン『マヤ・アステカの神話』四六頁以下、九三頁以下、一〇七頁以下。
(29) ジャックリーン・シンプソン『ヨーロッパの神話伝説』橋本槇矩訳、青土社、一九九二年、八三頁以下。

(30) フェリックス・ギラン『ロシアの神話』小海栄二訳、青土社、一九九三年、一〇六頁。
(31) 山田『アイヌの世界観』七三頁以下。
(32) Wilhelm Grönbech, *Kultur und Religion der Germanen*. B. 1, Darmstadt, 1961, S. 295ff.『エッダ——古代北欧歌謡集』谷口幸男訳、新潮社、一九六八年、一一〇頁以下。H・R・エリス・デイヴィッドソン『北欧神話』米原まり子・一井知子訳、青土社、一九九二年、七七頁。
(33) デイヴィッドソン『北欧神話』一六八頁。
(34) Helmut Obst, *Reinkarnation. Wektgeschichte einer Idee*. München, 2009, p. 58.
(35) プロインシャス・マッカーナ『ケルト神話』松田幸雄訳、青土社、一九九一年、二四八頁以下。
(36) 竹倉史人『輪廻転生——〈私〉をつなぐ生まれ変わりの物語』講談社現代新書、二〇一五年、二三頁以下。その他ヒンドゥー教・仏教のような「輪廻型」と、一九世紀ヨーロッパで生まれた「リインカネーション」型に分類している。
(37) マルセン・グラネ『中国人の宗教』栗本一男訳、東洋文庫六六一、平凡社、一九九九年、三七頁以下。九三頁、九六頁。
(38) 岡村道雄『縄文の生活誌』講談社学術文庫、二〇〇八年、二一六頁。
(39) 渡辺誠『よみがえる縄文の女神』学研、二〇一三年、一七六頁以下。竹倉『輪廻転生』一七三頁以下。
(40)『祖先崇拝と仏教』智山伝院選書 五、一九九八年、九〇頁以下。
(41) 小川直之編『折口信夫　死と再生、そして常世・他界』アーツアンドクラフツ、二〇一八年、九頁、三八頁以下、六一頁以下。
(42) 金両基『韓国神話』青土社、一九九五年、二六八頁以下。

(43) パリンダー『アフリカ神話』一一〇頁以下。
(44) 阿部年晴『アフリカの創世神話』紀伊國屋書店、一九八一年、二五頁以下。
(45) マジシ・クネーネ『アフリカ創造の神話――女性に捧げるズールーの賛歌』竹内泰宏・くぼたのぞみ訳、人文書院、一九九二年、二四二頁。
(46) ミルチア・エリアーデ『シャーマニズム』堀一郎訳、上、ちくま学芸文庫、二〇〇四年、三一頁以下。
(47) エリアーデ『シャーマニズム』上、三三八頁以下。
(48) 山田『アイヌの世界観』二四一頁。
(49) エリアーデ『シャーマニズム』上、二七〇頁以下。
(50) エリアーデ『シャーマニズム』上、四〇四頁以下。
(51) エリアーデ『シャーマニズム』下、一五三頁。
(52) ジョーン・ハリフォクス『シャーマン――イメージの博物誌』松枝至訳、平凡社、一九九二年、一二頁以下。
(53) ウノ・ハルヴァ『シャマニズム――アルタイ系諸民族の世界像』田中克彦訳、三省堂、一九七一年、三一二頁以下。ウノ・ハルヴァ『シャマニズム――アルタイ系諸民族の世界像』二（東洋文庫）、田中克彦訳、平凡社、二〇一三年、二九頁以下。
(54) ハルヴァ『シャマニズム』二（東洋文庫）、四一頁以下。
(55) 谷口幸男『エッダとサガ――北欧古典への案内』新潮選書、二〇一七年、三四頁以下。

Ⅲ――東洋の転生論を読む

❖最古のウパニシャッドを読む

ゾロアスター教とは違って、ヴェーダ（紀元前一二〜紀元前九世紀頃のアーリア人の経典）には、輪廻転生、カルマ（行為）による因果応報といった考えは現れていない。罪人が落ちる地獄もなく、死後は天界（スヴァルガ）にいって、そこにいる先祖の霊と楽しく暮らすことを願った。[1]

Iで紹介した「ジャイミニーヤ・ブラーフマナ」（紀元前九〇〇年頃？）のヴァルナ神の子ブリグが異界遍歴する物語に、因果応報と地獄の原初的概念が初めて登場した。[2]

ヒンドゥー教は、先行するヴェーダから発展し、世界史上、初めて輪廻転生を体系化した宗教である。その核は『ウパニシャッド』といわれる一連の経典群にみられる。初期のウパニシャッド（紀元前八〇〇年頃〜紀元前後頃）は、湯田豊によってほとんどすべて邦訳されている。[3] これを使って、ヒンドゥー教の輪廻転生論を著者なりに読み解く。

紀元前八〇〇年頃の「ブリハドアーラニヤカ・ウパニシャッド」と「チャーンドーギヤ・ウパニシャッド」が最も古いといわれる。前者にはヤージニャヴァルキヤ、後者にはウッダーラカとシャーンディリヤという古代インド三大哲学者の思想が含まれていることで有名である。まず、この二つのウパニシャッドからみていきたい。

「ブリハドアーラニヤカ・ウパニシャッド」に、「最初、まことに、ブラフマンが存在していた。わたしはブラフマンであるといって、それはまさにそれ自身を知った。それから、その一切が生じた」［第一章4・10］とある。ブラフマンから、神々、大地、法、人間（アートマン？）等次々に流失するという。

「ここには、最初、自己（アートマン）だけが存在していた」［第一章4・17］とアートマンも登場するが、ブラフマンとの関係は不明瞭である。ただ、前述では、ブラフマンから人間（アートマン）が流失するといっている。

また、「再死を避ける」という言葉が何カ所か出てくる。再死とはあの世での死を意味する。あの世の死はこの世への転生と理解できる。従って、「再死を避ける」は輪廻転生からの解放であると理解できる。

世界は「人間の世界、先祖の世界、神々の世界」から成り、最上位は神々の世界である。第一章の最後に「自己は不死」との記述がある。アートマンは不滅ということである。

「この人間、まさにこの人間は、この自己である。これは不死である。これがブラフマンである。これが一切である」という文言が第二章になると頻出する。アートマン＝ブラフマン説といわれている。

第三章で、ようやく「解脱」(モークシャ)という言葉が現われるが、これも意味が曖昧である。「再死を避ける」イコール解脱と明言しているわけではないからである。

「まことに人間は良い行為(カルマ)によって良くなり、悪い行為によって悪くなる」と、因果応報概念も登場する。

第四章、死に際の叙述の箇所にこうある。「息が外へ出て行こうとする時に、すべての生気は息に従って外へ出て行く。彼(息?)は認識を具えているものになり、まさに認識を具えているものに従って降りる。それを知識と(現世の)行為、および前世の記憶が捉える」[4・2]。ここに「行為」に加えて「前世」という言葉をみいだせる。息はアートマンだろう。

「執着している人(解脱していない人)は、彼の行為と共に行く、彼の特徴である思考が執着しているところへ。この世において彼が何をなそうと、彼の行為の終わりに達した時に、あの世からふたたび、彼は、この世に帰って来る、新しい行為のために」[4・6]。これは明らかに転生のことである。

「それによって、ブラフマンを知っている賢者たちは、ここから上に行きながら、(輪廻転生から)解放されて、天界に入って行く」[4・8]。天界に入ることが解脱と読める。

第六章に「死後に、これらの人々が、どのように異なった道によって行くか、お前は知っているか?」「どのようにして彼らがこの世に帰って来るか、お前は知っているか?」「どのようにして、このように繰り返しそこへ行く人々によって、あの世は満たされないか、お前は知っているか?」「神々への道あるいは祖先の道に至るアクセスを、お前は知っているか?」と問う箇所がある[2・2]。ここでも輪廻転生が語られるが、解脱の意味が曖昧である。「神々の道」に行くことが解脱であることは後述される。

「ブリハドアーラニヤカ・ウパニシャッド」第四章に「無知で目覚めていない人々は暗黒の世界に入る」[4・10~11]という箇所がある。「暗黒の世界」は地獄、しかも転生先の地獄を暗示している。

次に「チャーンドーギヤ・ウパニシャッド」に移ろう。

第一章に「この世界の起源は何かと。虚空であると彼は言った。まことにこれらすべての生きものはまさに虚空のなかから現われ、虚空の中にふたたび沈む。虚空は究極の目標である」とある[9・1]。虚空がブラフマンなのであろうか?

第三章で「まことに、このブラフマンといわれるもの、それは確かに、人間の外部にある、この虚空であるものである。まことに、人間の外部にある、この虚空であるもの、確かに、これは、人間の内部にある、この虚空である。まことに、人間の内部にある、この虚空であるもの、確かに、これは心臓の内部にある、この虚空である。それは満たされていて、しかも不動である。このように知っている人は、満たされていて、しかも不動の幸せを獲得する」とある[12・7~9]。

難解な文章である。ブラフマンは虚空である。アートマンも虚空である。ならばブラフマン＝アートマンであろう。

第四章で、死後の魂の行き先を語った箇所に「そこに人間でない人間がいる。彼（人間ではない人間？）は彼ら（死後の魂？）をブラフマンへ行かせる。これが神々に至る道、ブラフマンへ至る道である。この道によって行きつつある人々は、この人間の渦中（この世）に帰って来ない」〔15・8〕と述べられる。これによれば、神々への道がブラフマンの道で、そこにアートマンが赴けば、輪廻転生から解放されると解釈できる。これが、俗にいうブラフマンとアートマンの合一ではないのか。「人間ではない人間」が意味不明である。

第五章にも「この世を去って、生きものがどこへ行くか、お前は知っているか？ 神々へ至る道、および祖先へ至る道という二つの道を、お前は知っているか？（中略）そこに、人間ではない人間がいる。彼は、彼らをブラフマンに行かせる。これが神々へ至る道という小道である。（中略）祖先の道に行った人々は、そこに滞在し、それから、行ったのと同じ道を通って、彼らはふたたび帰って来る、虚空に。虚空の中から風に、風になったあとで、それは煙になる。煙になったあとで、それは雷雲になる。雷雲になったあとで、それは雨雲になる。雨雲になったあとで、それは降り始める。それらは、ここで、米あるいは大麦、植物あるいは樹木、胡椒あるいは豆として生まれる。（中略）食物を食べる人、精液を注ぐ人は、まさに、ふたたび、これ＝人間になる。ここでその行動が好ましい人々には、好ましい子宮、すなわち、バラモンの子宮、あるいはクシャトリアの子宮に入る望みがある。しかし、ここでその行動が胸のむかつく人々には豚の子宮、あるいは不可触民の子宮に入る望みがある。けれども、これらの二つの小道の上を、それらのどれによっても行かないものが存在する。それらは、しばしば、この世に帰って来る、これらも生きものになる。生まれよ。死ね。それゆえあの世は満たされない。それゆえに、人は、それから身を守るべきである」［3～10］。

現世への転生と解脱を語った箇所であるが、前世の行為に応じて生まれ変わる。植物よりも動物、さらに人間への転生を上位にしている（豚や不可触民も植物よりましという記述）。

解脱は神々への道に至るものであり、祖先への道に行けば、再び現世に転生する。ところが、どちらにも行かない第三の道の言及がある。後ろを読むと、これらは大罪をおかした魂の行く道のように読める。地獄のことだろうか。

第八章に「師匠のための仕事の際に残されていた時間において規定どおりにヴェーダを学んだあとで、師匠の家から帰宅して、自分の家の清浄な場所においてみずからの学習を行い、義務に忠実な人々を育成し、すべての感覚器官を自己に固定させ、神聖な場所以外で、すべての生きものを傷つけない人、そのような人間は、良く知られているように、行動する時に、寿命のある限り、ブラフマンの世界に到達する。そして彼は、ふたたび帰って来ない」［15・1］。これは現世での完全な善行が解脱の条件であることを述べたものと思われるが、「寿命のある限り」という文言は「生前解脱」もあり得ることを示唆しているのだろうか？

いずれにせよ、紀元前八世紀成立のこれら二つの最古のウパニシャッドのなかで、輪廻転生、カルマによる因果応報、アートマンとブラフマンの合一による解脱というヒンドゥー教の本質は出揃っている。

❖ 紀元前六世紀以降の初期ウパニシャッド

紀元前六世紀頃の「タイッティリーヤ・ウパニシャッド」第三章では、ヴァルナ神とその息子ブリグの問答が記述される。ここでブラフマンはさまざまなものに喩えられる。たとえば「ブラフマンは思考であると、彼は理解した。なぜなら、よく知られているように、これらの生きものは、まさに思考から生まれるからである。生まれたものは思考によって生き、死ぬ時に、それらは思考のなかに入る。それを理解したあとで彼はふたたび父のヴァルナに近づいた。尊敬すべき人よ！　わたしにブラフマンを教えよ！と彼は言った。ヴァルナは彼に対して言った。禁欲によってブラフマンを理解することを、お前は欲せよ！　ブラフマンは禁欲であると。ブリグは禁欲を実践した。禁欲を実践したあとで、ブラフマンは認識であると、彼は理解した。なぜなら、よく知られているように、これらの生きものは、まさに認識から生まれるからである。生まれたものは認識によって生き、死ぬ時に、それらは認識のなかに入る」［4～5］などというように繰り返される。

ブラフマンは思考や認識であり、そこに入れば解脱するということである。つまり、われわれはブラフマンから出た。そのブラフマンに帰還するのが解脱であると。そのためには禁欲が不可欠であると読める。

おそらく紀元前六～五世紀頃「アイタレーヤ・ウパニシャッド」と「カウシータキ・ウパニシャッド」が成立した。後者の第一章で、祖先の道へ至ったものが、その行為によって生まれ変わるが、神々に至る道に行ったものはブラフマンの世界に入り、転生から解放されることが説かれる。「ケーナ・ウパニシャッド」「カタ・ウパニシャッド」「イーシャー・ウパニシャッド」「シュヴェーターシュヴァタラ・ウパニシャッド」「ムンダカ・ウパニシャッド」は、紀元前五〇〇年頃と推測される。

「カタ・ウパニシャッド」第三章にこうある。「理解力を欠き、思考を欠き、常に不浄である人、彼は最高天にあるあの場所に到達しない。そして彼は輪廻に陥る。しかし、理解力を有し、思考を有し、常に清浄である人、彼は最高天にあるあの場所に到達する。そこから彼は更に生まれない」［7～8］。

「最高天」という言葉が登場する。天界が複数になったのだろう。そして魂が浄められれば輪廻転生の苦から解放される。逆に輪廻を繰り返すのは魂がまだ不浄であるということである。ここは非常に重要な箇所である。輪廻転生論の本質を言っているからだ。

「イーシャー・ウパニシャッド」に「自己自身（自己の身体）を殺害する人々は暗闇の世界に行く」とある［8］。「暗闇の世界」は地獄への転生を意味している。

紀元前四世紀頃と推測される「プラシュナ・ウパニシャッド」、紀元前二世紀頃の「マイトリ・ウパニシャッド」と続くが、後者第四章で「元素としての自己は善悪の結果から成るロープに縛られている。囚人のように、それは自由を奪われている。（中略）それらに執着している元素としての自己は、それの最高の場所を思い出さないであろう。よく知られているように、確かに、これは、この元素としての自己に対する対抗手段であるヴェーダの知識の獲得、自己自身の義務（ダルマ）の遵守、あるいは、まさに、自己自身の属する人生段階における自己自身の義務の履行。これが誓いである。（中略）これによって人は上に達し、そうでなければ、下に落ちる」［2〜3］。

輪廻転生の呪縛を強調した文言である。「元素としての自己」とはアートマンは実体があるということである。また、行為によって上下世界に転生するように書かれている。後生の六道や三界を示唆している。

さらに「禁欲によって純質が得られ、純質によって思考が獲得される。思考によって実に自己が得られ、それに到達した時に、人はこの世に帰ってこない」[3]。解脱の有り様を説いたものだが、禁欲、純質、思考が強調される。純質とは魂の清浄のことである。

ちなみに初期ウパニシャッドの最後に数えられるのが紀元後一～二世紀頃（六世紀以降という説もある）の「マーンドゥーキヤ・ウパニシャッド」である。

❖アートマンとブラフマンとの合一とは何か

よく、ヒンドゥー教の解脱は、アートマンとブラフマンとの合一であるという。これはアートマンとブラフマンは別物であることを前提にしているのか。中村元によれば、アートマンとブラフマンの関係の相違によって、諸学派が成立したという。

これについて「不一不異」と「不二一元」という概念がある。「不一不異」は、アートマンは本性においてブラフマンそのものであるにもかかわらず、全く同じではなく、アートマンはブラフマンの仮現に過ぎないという考えであり、「不二一元」はアートマン＝（イコール）ブラフマンである。全く別物なら「別異」となる。(4)

インド六派哲学最大のヴェーンダーンタ学派は「ブラフマ・スートラ」（五世紀頃成立）を経典と

してアートマン＝ブラフマン説（不二一元論）を説く。その代表的哲学者がシャンカラ（八世紀）である。しかし、中村元によれば、「ブラフマ・スートラ」は不二一元論ではなく、不一不異だという。しかし、これは解釈の問題であろう。「不二一元」をアートマンはブラフマンの仮現と解釈する見方もあるからである。(5)

アートマンを自己の魂、ブラフマンを宇宙の究極的原因とするならば、俗人なら、この二つは別物で、アートマンがいかにブラフマンに到達できるかが解脱の問題と考えるだろう。ブラフマンとは何なのか？　シャンカラは、ブラフマンは「有」（サット）であり究極原因であるとした。(6)

中村元によれば、真理を知らないで束縛から解放されない限り、人は無限の生存を繰り返す。人が万有の真理たる「有」を悟ると、死後完全に「有」と合一し、もはや再生しない。これが解脱である。それはあたかも故郷から連れ去られた人が、束縛を脱して故郷に帰るようなものである。これは死後解脱のことを言っている。

すでに、古代インドの有名な宗教家であったウッダーラカ・アールニ（紀元前八世紀）が、「有」とは究極の原理としての「一なるもの」であると言った。「一」とはブラフマンである。(7)「有」＝ブラフマンを「不滅な存在」と解すことができる。不滅な存在に自己を同化することは、宗教学では一般的に、神秘主義（Mysticism）という。

では、アートマンとは何か。シャンカラによれば、(8)アートマンはブラフマンの映像である。ブラフマンがアートマンという相をとって現われているに過ぎないという。究極の存在であるブラフマンが「限定的制約」によって隠蔽されてアートマンが成立している。この限定的制約とは身体と思いきや、シャンカラはそれを否定している。

しかし、単純に考えれば、もともと同一であったブラフマンとアートマンが何らかの理由で、アートマンだけ身体に拘束されてしまったと理解してよいのではないのか。

このアートマンが輪廻の主体であるが、アートマンに実体がないというのはシャンカラの解釈で、たとえば同じヴェーンダーンタ学派のラーマーヌジャ（一一三七年没）『ヴェーダの要義』(9)によれば、「余はこれらの三神格（熱・水・食物）にこの生きたアートマンをもってはいりこみ、名称・形態をつくり出そう」。「微小なものよりさらに微小で、黄金のように輝き、夢の意識によって理解されるべき万物の統率者」。「アートマンはあらゆる非精神的存在者にまで浸透するから微細である」などの文言から、ラーマーヌジャはアートマンが実体を持った存在であると理解している。

ところで、シャンカラ『ブラフマ・スートラ注釈』（第三章セクション3主題19）に、「現世での職務が残っている人は再生する」という記述がある。これは、解脱できる状態の人でも、現世に職務が与えられ、それが成し終わってない人も含んでいる(10)。

『バガヴァッド・ギーター』では「自己に課された行為に専念する者が、どのようにして完成をみいだすか、そのことを聞け。万物の活動の源となる者（ブラフマンだろう）を、（中略）自己に課された行為を通して崇めて、彼は完成（解脱だろう）をみいだす」とある。[11]

つまり、人が転生してくるのは何かの課題を果たすためであって、これを全うした者はもはや転生してこない、つまり解脱するということを言っている。

❖『古典サーンキヤ体系概説』を読む

これは五世紀頃の学者、イーシュヴァラクリシュナの著作で、サーンキヤ学派の綱要といえるものである。[12] 私にはサーンキヤ学派の教義を説明する能力はない。ここでは興味をひく部分だけ読んでみる。

「開展した諸原理の根本である原質は、何かそれに先行する高位の原理からの派生物ではない」とあるのは、物事の究極的原因（第一原因）である「根本原質」は不変であるということである。「根本原質」とは、サーンキヤ学派では「物質原理」のことであるが、ここではブラフマンと同義に解釈しよう。ただ根本原質の原語は「プラクリティ」である。

根本原質とは別に「精神原理」（プルシャ）があって、サーンキヤ学派は根本原質と精神原理の二元論が特徴であるという。これを、ブラフマンとアートマンを別物と捉える二元論（別異）と理解してもよいのだろうか。

輪廻の主体は、もちろん身体ではなく（これは消滅する）、「微細な有機体」と表現する。「微細な有機体は、（中略）常に存在し、理性から微細な元素に至るまでの諸原理から成り、一つの肉体に宿っている間に行った行為の結果を、次の肉体を得るときまでは享受することなく、一つの肉体から次の肉体へと輪廻する」。

つまり業を背負って輪廻するのは「微細な有機体」という実体のあるものとなる。微細な有機体が業の運搬者ということである。

「この微細な有機体は、（中略）輪廻の動力因である功徳・罪過などと、その結果としての神・人間・畜生などの境遇における身体と結びつくことによって、役柄に応じて扮装する役者のように、さまざまに外形を変えて存在する」。

ただ、「知性である精神原理は、微細な有機体が消滅しないで輪廻を続ける限り、神・人間・動植物として創造された身体に宿って、老・死を原因とする苦悩をうける」という文言は、精神原理と「微細な有機体」は別物で、精神原理が業の運搬者ではないと理解できる。これはどういう意味なのか。精神原理を情報とみなし、微細な有機体をＵＳＢのような媒体とみれば、論理的に説明がつく。どちらをアートマンと呼ぶかは勝手で、どちらもアートマンでも問題ないのではないのか。

では、同学派にとって解脱はいかにおこなわれるのか。「知識によって舞踏の観客のようにじっとすわっている精神原理は、すでに生産をやめ、したがって、理性の七つの状態（功徳・罪過・無知・離欲・貪欲・自在・不自在）から離れた、原質を観察する。一方、観客である精神原理は、私は舞踏をすでに見たといって無関心になり、他方、舞妓である原質は、わたしはすでに見てもらったといって舞踏をやめる」ときに、精神原理の目的は達せられたと説かれる。

つまり、精神原理が（根本）原質を見（認識、体験）すれば解脱するということである。解脱とは、アートマン（この場合精神原理）がブラフマン（根本源質）を観察すると言い換えてもよいだろう。ただ、筆者が注目したいのは、同学派が業の運搬者を実体のある物質（微細な有機体）と定義したことである。俗的にいえば、霊魂は実体があるということである。

❖『ヨーガ・スートラ』を読む

今度は、ヨーガ派の経典（五世紀頃成立）を読んでみよう。[13] ここも著者の興味をひいた部分だけの解釈である。

「地などの元素よりも、五つの微細な要素（声・触覚・色・味・香）はより微細であり、五つの微細な要素よりも、自己意識はさらに微細であり、自己意識よりも、思惟機能はさらに微細であり、思惟機能よりも、根本原質はさらに微細であり、これ以上に微細なものはない」。「微細な元素や諸真我（アートマン）は、すべて実体であり、実体として互いに排除しあう」。

訳者注によれば、ヨーガ派は、サーンキヤ派の二元論を前提としており、それは、精神原理としての真我（アートマン）と根本源質であるという。しかし、上述の文章では「根本原質」（物質原理）はサーンキヤ派の実体をもつ「微細な有機体」に類似するように読める。

『ヨーガ・スートラ』にはさまざまな修行法が書かれているが、それによって、ヨーガ行者が獲得する超能力のようなものも述べられる。「輝く知によって、微細なもの、おおわれたもの、遠隔のもの、過去・未来を知る」（遠近の透視、過去生と未来生をみる）。「ヨーガ行者の心は自己の身体を出て他人の身体に侵入する」（他人の心を読む）。「ヨーガ行者は水上を歩き、蜘蛛の糸の上を歩き、光線の上を歩き、さらに虚空を自由に行くことができる」（空中を飛ぶ）などは、後述する釈迦の神通力と同じである。

❖叙事詩『バガヴァッド・ギーター』を読む

『バガヴァッド・ギーター』（紀元前五世紀～前二世紀頃）もヒンドゥー教の聖典である（『マハー

バーラタ』に収録されている）。クリシュナ（聖バガヴァッド＝ヴィシュヌ神の化身）とアルジュナの問答で構成されている。(14)

第二章に「いまだかつてこのわたしが存在しなかったことはないし、おまえもこれら王子たちもそうである。またわれわれはすべて、これからのちも、存在しなくなるということはない。個我は、現世の肉体を通じて少年期・壮年期・老年期を経験するように、来世には他の肉体を獲得する。（中略）しかし、物質との接触は寒暑、幸・不幸の感覚をもたらし、生じまたは滅して、一時的なものである。（中略）心を等しく保ち堅固な者、彼は不死（解脱）に値する。（中略）。個我は生じることもなく、死ぬこともない。また生じたあとで、存在しなくなることはない。不生・常住・永遠で太古から存在し、たとえ肉体が殺されても、彼（アートマン）は殺されない」（宇野惇訳）。

「もし、あなたがこの義務（ダルマ）に基づく戦いをおこなわなければ、自己の義務と名誉とを捨て、罪悪を得るであろう。（中略）。あなたの職務は行為そのものにある。決してその結果にはない」（上村勝彦訳）。

「心の実修を修めた賢者は、行為から生ずる結果を捨て、生の束縛を脱して、わずらいのない境地（解脱）に到達する。（中略）。すべての欲望を捨て、愛着と利欲と我執を離れて行動する者は、寂静（解脱）＝ブラフマンに到達する」（宇野訳）。

アートマン不滅と輪廻転生、そして解脱を述べた箇所である。アートマンは不滅で、身体は古い衣服を捨て新しい衣服を着るようなものであると述べる。欲望＝煩悩を捨てた者が解脱に到るというくだりは、後述する仏教と同じだが、アートマンの不滅を説くところは異なる。

第三章では「すべての人は、プラクリティ（根本原質）から生じる要素により、否応なく行為させられる」（上村訳）。「おまえは義務的行為をおこなえ。なぜなら、行為は無行為にまさるから。（中略）。執着を離れてたえず義務的行為をおこなえ。なぜなら執着を離れて行為をおこなう人は最高所＝解脱に到達するから」（宇野訳）。

「自己＝アートマンにおいて喜び、アートマンにおいて充足し、アートマンにおいて満ち足りた人、彼にはもはやなすべきことがない。彼にとって、この世における成功と不成功は何の関係もない。また、万物に対し、彼が何らかの期待を抱くこともない。それ故、執着することなく、常になすべき行為を遂行せよ。実に、執着なしに行為をおこなえば、人は最高の存在に達する」。「信仰を抱き、不満なく、常に私の教説に従う人々は、行為から解放される（上村訳[15]）。

この場合の「行為」とは、アルジュナにとって戦争であるが、結果に執着することなく行為のみ遂行せよとクリシュナは説く。「最高所」とはブラフマンである。また、ここでは解脱に到る方法として、知識に専心する道と行為に専心する道の二種類が説かれている。しかし、この行為が善行ならともかく戦争（人殺し）なのである。だからアルジュナは悩む。行為のヨーガ（専心）といわれる。行為だけに専心することでブラフマンと一体になると言っている（解脱）。

第四章の「聖バガヴァッドは告げた。私は多くの生を経てきた。あなたもそうだ。アルジナよ。私はそれらすべてを知っている。だがあなたは知らない」（上村訳）は、後述する釈迦の「過去の生を見る智」に類似する。

「私（聖バガヴァッド）の神的な出生と行為を如実に知る者は、身体を捨てた後、再生することなく、私のもとに来る。愛執、恐怖、怒りを離れ、私に専心し、私に帰依する多くの者は、知識という苦行によって浄化され、私の状態に達する」（上村訳）も解脱を語った箇所であるが、「私のもとに来る」「私の状態に達する」はブラフマンとの合一あるいはブラフマンへの到達を意味する。「行為への結果への執着を捨て、常に充足し、他に頼らぬ人は、たとえ行為に従事していても、何も行為していない」（上村訳）。行為の結果に執着することを捨てることが、業を生じさせないということである。

第六章で「このように常に専心し、罪障を離れたヨーギン（実践者）は、容易に、ブラフマンとの結合という究極の幸福を得る」（上村訳）は、あらためてヒンドゥー教の解脱がアートマンとブラフマンの合一であることがわかる。

「ブラフマンは不滅にして最高の存在である。アートマンに関してそれは本性である。被造物の状態を生じさせる創造が行為（カルマ）と呼ばれる」（上村訳、第八章）では、ブラフマンの永遠不滅が述べられるが、アートマンの本性とは何なのか？　これについては根本原質としたり（不二一元?)、根本原質から生じる潜在印象(不一不異?)と解するなど学者によって異なるようである(上村訳、注五章14)。

第一三章で「根本原質(プラクリティ)と神我(プルシャ)とは、二つとも無始であると知れ。また変異と成分(身体と感覚器官)は、根本原質から生じたものであると知れ。結果(身体)と原因(元素・自我意識・感覚器官など)を生じさせるのに際して、根本原質がその因である。(中略)。根本原質のなかに宿る神我は、根本原質から生ずる成分を享受する。彼が成分に執着することが、善悪の胎に生を受ける原因である。(中略)。行為はすべて根本原質によっておこなわれ、また神我を非行為者であると見る者は、如実に見る人である。このような万物の差別想が一者(アートマン)のなかにあり、そこから万物のさまざまな展開がおこるとみるならば、彼はブラフマンに到達する」(宇野訳)。

難解な文章である。神我は精神原理のことだが、ここではアートマンと同義である。根本原質は物質原理のことだが、ブラフマンとしよう。これら二つには始まりがないというのが「無始」、つまり「常に在る」ということである。

第一四章で「純質、激質、暗質という、根本原質(プラクリティ)から生じる諸要素は、不変の個我=アートマンを身体に束縛する」(上村訳)とある。根本原質(物質原理)から生じる諸要素が、アートマンを身体に束縛して、永遠に輪廻させると解釈できる。純質、激質、暗質は諸要素のことで、諸要素は行為＝業のことだろう。

だから「身体を持つ者は、純質が増大したときに死ねば、最高の真理を知る人の汚れなき世界に達する」（上村訳）。「汚れなき世界」とは天界への転生である。激質の増大は人間への転生で、暗質の増大は「愚昧な胎」への転生と述べられる。解脱はこの三つを超越することである。

『バラモン経典・原始仏典』の宇野訳では「もし自我が、純真の優勢なときに死ぬならば、彼は最上知者の汚れのない世界におもむく」。「純質に留まる者は天上界に上昇し、激質性の者は中間＝人間界に留まり、最低の成分の活動に留まる者（暗質）は動植物界に堕ちる。（中略）肉体から生じたこれら三種の成分を超越して、有身者は生・死・老・苦を脱して不死＝解脱を享受する」。

これらは現世の行為の結果の転生先を述べたものであるが、天界への転生はブラフマンへの到達でないことがわかる。ブラフマンは天界より上位にある。

第一五章で「個我（アートマン）が身体を離れる時、かれはそれらの感官を連れていく」（上村訳）とあるが、感官とは聴覚・視覚・触覚・味覚・臭覚・思考器官のことである。つまりアートマンは何かの媒体であることが想定されている。先述の情報とUSBの喩えがわかりやすい。アートマンはUSBという実体に行為という情報が刻まれているのだ。たぶん、これが、後述する釈迦の「業のみが輪廻する」を解く鍵である。

第一六章で「無畏、心性の清浄、知識のヨーガに専念すること、布施、自制、祭祀、ヴェーダ学習、苦行、廉直、不殺生、真実、怒らぬこと、捨離、寂静、中傷しないこと、生類に対する憐愍《れんびん》、貪欲でないこと、温和、廉恥《れんち》、落着き、威光、忍耐、堅固（充足）、清浄、敵意のないこと、高慢でないこと。以上は神的資質に生まれた者に属する」（上村訳）と聖バガヴァッド（クリシュナ）は述べ、神的資質は解脱をもたらすとも言う。そして、アジュルナを神的資質に生まれたと告げる。

この叙事詩は、ブラフマンとアートマンは常住・不滅であり、行為（業）が、アートマンを肉体に束縛し輪廻に至らせること、行為の結果を捨て去ること（行為に専心すること）が解脱（ブラフマン）に到ること、人には与えられた義務がありその遂行に専心することが解脱（ブラフマン）に到ることを語っている。

❖ 釈迦は何を言ったのか

現在伝わっている初期仏典（原始仏典、パーリ語仏典）が本当に同時代を反映しているかは、現在では疑問符が多くつけられている。それを考慮しつつも、以下『ブッダのことば——スッタニパータ』(16)を読む。

「蛇の章」に「生まれによって賤しい人となるのではない。生まれによってバラモンとなるのではない。行為によって賤しい人ともなり、行為によってバラモンともなる。わたくしは次にこの事例を示すが、これによってわが説示を知れ。チャンダーラ族の子で犬殺しのマータンガという人は、世に知られて命名の高い人であった。かれマータンガはまことに得がたい最上の名誉を得た。多くの王族やバラモンたちはかれのところに来て奉仕した。かれは神々の道、塵汚れを離れた大道を登って、欲情を離れて、ブラフマンの世界に赴いた。賤しい生まれも、かれがブラフマンの世界に生まれることを妨げなかった。ヴェーダ読誦者の家に生まれ、ヴェーダの文句に親しむバラモンたちも、しばしば悪い行為を行っているのが見られる。そうすれば、現世においては非難され、来世においては悪いところに生まれる。（中略）。行為によって賤しい人ともなり、行為によってバラモンともなる」〔136〜142〕。

これはカルマ（業）による輪廻転生を述べた箇所である。さらに「神々の道を通ってブラフマンの世界に赴く」という箇所は、ウパニシャッドの解脱であるが、釈迦がこれを解脱と解釈していたとはいえない。

しかし、輪廻からの脱却が釈迦の目的であったことは、たとえば次の個所にある。「諸々の邪《よこしま》な見解にとらわれず、戒めを保ち、見るはたらきを具えて、諸々の欲望に関する貪りを除いた人は、決して再び母胎に宿ることがないであろう」〔152〕。

「小なる章」で「これら生けるものどもに対して貪り求め、敵対して殺し、常に害をなすことにつとめる人々は、死んでから暗黒に入り、頭を逆さまにして地獄におちる」〔248〕と地獄（Naraka）という言葉が登場する。この章には「地獄に落ちる」という文句があと一つ出てくる。これは転生先としての地獄を言っている。天界と人間界という言葉も使われている〔361〕。

「大いなる章」では「紅蓮《ぐれん》地獄」「アッブダ地獄」「ニラップダ地獄」「アバハ地獄」「アタハ地獄」「黄蓮地獄」「白睡蓮地獄」「青蓮地獄」「白蓮地獄」「紅蓮地獄」など複数の地獄が語られる〔656〕。

釈迦の時代、紀元前五世紀頃、転生先として、天界、人間界、地獄が意識されていたが「六道」はまだ登場しない。

ところで、釈迦は解脱をどう考えていたのか。『スッタニパータ』「大いなる章」に弟子が解脱や梵天界に至る方法を尋ねる箇所がある。釈迦は「マーガよ。三種の条件を具えた完全な祀りを実行するような人は、施与を受けるにふさわしい人々を喜ばせる。施しの求めに応ずる人が、このように正しく祀りをおこなうならば、梵天界（ブラフマン）界に生まれる」〔509〕。

ここでは「梵天界に生まれる」とだけ答えている。「生まれる」とは転生のことだから解脱ではない。ブラフマンに到達することを解脱とはみていないことになる。

アートマンについてはどう言っているのか。「己（アートマン）が悲嘆と愛執と憂いとを除け。アートマンが楽しみを求める人は、アートマンが煩悩の矢を抜くべし。煩悩の矢を抜き去って、こだわることなく、心の安らぎを得たならば、あらゆる悲しみを超越して、悲しみなき者となり、安らぎに帰する」〔592〜593〕。アートマンの煩悩を滅却せよとだけ言っている。

「この状態から他の状態へと、くり返し生死輪廻に赴く人は、その行き着く先は無明にのみ存する。この無明とはおおいなる迷いであり、それによって永いあいだこのように輪廻してきた。しかし明知に達した生けるものどもは、再び迷いの生存に戻ることがない」〔729〜730〕。無明とは「おおいなる迷い」つまり煩悩である。

「およそ苦しみが生ずるのは、すべて潜在的形成力を縁（原因）として起こるのである。諸々の潜在的形成力が消滅するならば、もはや苦しみの生ずることもない」〔731〕。「一切の潜在的形成力が消滅し、欲などの想を止めたならば、苦しみは消滅する。このことを如実に知って、（中略）もはや迷いの生存に戻ることがない」〔732〜733〕。縁によって起こる煩悩への執着を捨てることによって解脱できるということである。

釈迦は、あらゆる執着を捨てよという。「常によく気をつけ、アートマンに固執する見解を打ち破って、世界を空なりと観ぜよ。そうすれば死を乗り超えることができるであろう」（彼岸に至る道の章1119）。ここでいう「彼岸」とは現世に舞い戻って来ない涅槃（ニルヴァーナ）を意味している。

原始仏典「テーリーガーター」に、「三種の明知」という言葉が出てくる。一つは自分の過去生を見通す働き、二つはすべてを見極める智慧の働き、三つは自分が汚れを離れ悟ったという自覚の智慧の働きである。[17] これは元遊女の尼僧の言葉であるが、彼女は解脱したということでいいのだろうか（生前解脱）。

ところで、釈迦の思想で有名なのは「諸行無常」である。存在するものはすべて一時的な状態に過ぎないことを言ったものである。だからあるものに執着するのは無意味と説く。ならば自己＝アートマンも一時的状態である。釈迦はアートマンがないとは言ってはいない。アートマンに執着するなと言っているのである。アートマンに執着することを止めれば解脱の道が開けてくる。これは絶対不滅のアートマンをブラフマンに合一させるヒンドゥー教的考えとは違う。

「物質的なかたち（または感受作用、表象作用、形成作用、識別作用）は無常である。無常であるものは苦しみである。苦しみであるものは非我＝無我である。非我であるものはわがものではない。これはわがアートマンではない。正しい智慧をもってこの道理を如実に観ずべし」（サンユッタ・ニカーヤ）。

中村元によれば、無我＝非我とは、アートマンがないという意味ではない。アートマンに執着するな、我執をなくせという意味である。これが解脱である。[18]

仏教では輪廻する主体は実体のあるアートマン＝霊魂ではない。釈迦はアートマン＝霊魂の存在を否定したわけではない。実体として永遠不滅なアートマンはあり得ないと考えた。諸行無常の論理からすれば当然である。アートマンを認めるなら、これも常に変化し、あるいは消滅することもあるということになる。

「ミリンダ王の問い」[19]に「涅槃とは止滅のことである」という文言が出てくる。煩悩を滅すれば解脱できるということである。「涅槃を得た者は、肉体的な苦しみのみを感じ、心の苦しみは感じない」（生前解脱？）と、尊者ナーガセーナは大王に述べている。

やはりアートマンへの執着から解放されることが仏教の解脱なのだろう。それができないと輪廻が繰り返される。極端な言い方をすれば、すべてを諦めよと言っているだけに過ぎない気もする。すべての執着から離れよと、道家の「無為自然」に近親関係を感じる。

釈迦は、業（因縁）のみが輪廻転生すると考えたらしい。しかし、業を背負うのは不滅のアートマン＝霊魂ではない。媒体がアートマンではないなら何なのか。アートマンは常に変化し消滅もするが、業は不滅ということである。業そのものが媒体というのは理解できない。アートマンは変化・消滅しても業を伝える何かの媒介は存在するという考え方をしないと説明できないのではないのか。

❖釈迦の神通力

原始仏典『沙門果教』「出家の功徳[20]」は、釈迦がマガダ国の王に説法する構成となっているが、このなかに、釈迦が神通力を有していたことが語られている。

「比丘は心が、安定し、清浄となり、純白となり、汚れなく、付随煩悩を離れ、柔軟になり、行動に適し、確固不動のものとなると、さまざまな超能力（神通）を体験します。すなわち一から多になり、また多から一となります。あるいはすがたをあらわしたりかくしたり、塀や城壁や山の向こう側に障害もなく、まるで空中を行くように通り抜け、あるいはあたかも水中でするように大地にもぐったり浮かび出たり、また、地上を行くように、水の上も（水面を）割ることなく歩み、また、羽のある鳥のように空中も足を組んで飛び歩き、また、かくも偉大な力をもち、かくも輝かしい威光をそなえた月と太陽に手でさわったりなでたりし、はては人が到達すべき最高の世界である梵天（ブラフマン）の世界でさえ、肉体をもったままで到達します」。

これらは、心が安定し不動のものとあるから、頭のなかのイメージを表現したと理解することもできる。ただ仏教では釈迦の六神通は有名で、仏や菩薩（菩薩は大乗仏教の概念）がもっている能力とされる。

それは以下のごときである。比丘は超人間的な神の耳で、神々と人間の声を聞き、遠近いずれの音も聞くことができる（天耳通・天耳の智）。比丘は、他人の心を洞察する知に心を傾け、心を向ける。他の存在、他人の心を洞察して知る（他心通・他心を知る智）。比丘は過去の生存の境涯を想起する知に心を傾けると、過去の生存のさまざまな境遇を想起する。一つの生涯、二つ、三つ、四つ、五つ、十、二十、三十、四十、五十、百、千、一万の生涯を想起する。幾多の生成の宇宙期、幾多の壊滅の宇宙期を通して想起する（宿住通・過去の生存を想起する智）。比丘は、生命あるものの生と死に関する知に心を傾けると、超人間的な神の眼によって、生命あるものが、いかに死に、またいかに生まれ変わりつつあるかを見て、生命あるものはすべて、その行為＝業に応じて、劣ったものともなり、優れたものともなり、美しいもの、醜いもの、幸福なもの、不幸なものにもなることを知る（死生通・天眼の智・死と再生の智）。比丘は穢れの滅尽に関する知に心を傾けると、これが汚れの原因である、これが汚れの消滅である。汚れの消滅に至る道であるかを知り、解放された者には、解放され（解脱を得）たという自覚が生まれ、再生の可能性は絶たれた、純潔の遂行は完遂された、なすべきことはなされ、もはやこの迷いの世界に生を受けることはないと知る（漏尽通・煩悩滅の智）。これに、水上歩き、空中飛行、障害通過などの神通力（神足通）が加わって六神通となる。

これによれば、解脱するのは漏尽通（煩悩滅の智）ということになる。常識的に考えれば、水上を歩いたり、空を飛んだり、他人の心を読んだり（読心術？）、過去生や輪廻転生を見通したりするなど考えられないことである。

ちなみに、イエス・キリストも海の上を歩き（マタイ・マルコの「福音書」）、空中を飛び（使徒行伝、ヨハネの黙示録）、イエスは復活後、「わたしの手や足を見なさい。まさしくわたしなのだ。さわってみなさい。霊には肉や骨はないが、あなたがたが見るとおり、わたしにはあるのだ」（「ルカの福音書二四章」）と肉体の復活をみせている。ルカやペテロの裏切りを予言したのは他心通である。六神通をシャーマンがおこなう脱魂と解釈することもできる。いずれにせよ、現代科学では理解不能である。

❖さらにパーリ仏典を読む

パーリ仏典は上座部に伝わる経典集であるが、これらが釈迦時代の思想をそのまま反映しているわけではないことは前述した。それを前提にしつつも、もう少し原始仏教に迫ってみたい。

『梵網教』(21)では、永遠不滅なアートマンは否定するが、アートマンがないとは言っていない。死後にアートマンの消滅をいう唯物論も否定しているからである。

たとえば、「比丘たちよ、ここにあるまず、ある沙門かバラモンは、（中略）。一生でも、二生でも、三生でも、四生でも、（中略）、千生でも、十万生でも、（中略）、つぎつぎに思い出すような、そのような心の統一をえます。（中略）。明瞭に過去における種々の生存を、つぎつぎと、思い出します。そしてかれは、このように言うのです。我＝アートマンと世界＝ブラフマンは常住（不滅）であり、（中略）、不動であり、石柱のように直立している。したがって、かの生けるものたちは、流転し、輪廻し、死去し、生まれ変わるが、永遠に存在する。（後略）」に反論して、釈迦は「比丘たちよ、これについて、如来の知るところはこうです。このように捉えられ、このように囚われたこれらの見地は、これこれの行方、これこれの来世をもたらすであろうと。如来は、それらを知り、またそれより勝れたものをも知ります。しかもその知ることに執着しません。執着しないから、ただひとり自ら、そこに寂滅が見られます」。

これは、ヒンドゥー教でいうアートマンとブラフマンの不滅を否定したものである（常住論の否定）。また別の個所ではこうある。

「比丘たちよ、ここにまず、ある沙門かバラモンは、つぎのような説をもち、つぎのような見解をもっています。（中略）。その我＝アートマンは、身体が滅ぶと、断絶し、滅亡し、死後には生じない。この限りにおいて、友よ、確かにこの我＝アートマンは完全に断絶していると」。これに反論する釈迦の答えは前述と同じである（断絶論の否定）。つまり、アートマン＝自我＝霊魂は死後も残るということである。

永遠不滅のアートマンは存在しないが、アートマンが身体の死後に消滅することもない。これはどういうことなのだろうか。ここに、初期仏教の最重要問題の一つがある。

『マハーリ経』(22)に釈迦が輪廻と解脱を語った部分がある。「(前略)マハーリよ、ここに比丘は、三種の束縛(煩悩)の滅尽によって、預流者《よるしゃ》」(第一段階の聖者)となり、破滅しない者、決定者《けつじょうしゃ》、すぐれた覚りに趣く者となります。マハーリよ、これが、これが比丘たちが私のもとで、目の当り見るために、梵行をおこなうという、さらに優れ、さらに勝った法です。また、マハーリよ、比丘は、三種の束縛の滅尽によって、貪・瞋・痴が薄いことにより、一来者《いちらいしゃ》(第二段階の聖者)となります。そして、ただ一度だけ、この世界に戻って来て、苦の終わりを作るのです。(中略)また、マハーリよ、比丘は、五種(の煩悩)の束縛の滅尽によって、化生者《けしょうしゃ》(他の胎生・卵生・湿生の拒絶)となり、そこで完全に滅する者、その世界から戻ることのない者となります。(中略)また、マハーリよ、比丘は、もろもろの煩悩の滅尽によって、煩悩のない、心の解脱、彗の解脱を、現世において、自らよく知り、目のあたりに身、獲得して、住みます。(後略)」。

この箇所は重要である。つまり、輪廻転生は、煩悩を滅することによって転生し、徐々に高位の次元の達し、最終的には現世に転生して来ることはない化生者となる。これが解脱である。しかし、転生する主体は何なのか? アートマン(霊魂)が不滅ではないならば、何かがなければならない。

心が清浄化するなら上位へ、不清浄化なら下位へ行くという言説は、『大因縁経』の八解脱にもみられる[23]「アーナンダよ、これら八つの解脱（ここでは敵対する法から脱すること）があります。八つとは何か。色《しき》のある者がもろもろの色を見る。これが第一の解脱です。内に色のない者が、外にもろもろの色を見る。これが第二の解脱です。『清浄である』とのみ勝解している。これが第三の解脱です。完全に色の想を超え、感覚的反応の想が消え、種々の想を思惟しないことから、『虚空は無限である』として、空無辺処に到達して住む。これが第四の解脱である。完全に空無辺処を超え、『識は無限である』として、識無辺処に到達して住む。これが第五の解脱です。完全に識無辺処を超え、『何ものも存在しない』として、無所有処に到達して住む。これが第六の解脱です。完全に無所有処を超え、悲想非非想処に到達して住む。これが第七の解脱です。完全に非想非非想を超え、想受滅に到達して住む。これが第八の解脱です。（中略）比丘は、これら八つの解脱に、順に入り、逆にも入り、順逆にも入ります。望む所で、望むものを、望む間、入ることもし、出ることもし、もろもろの煩悩の滅尽から、煩悩のない心の解脱、彗の解脱を、現世において、自らよく知り、目のあたり見、獲得して住むのです」。

最後の第八の解脱が最終的な真の解脱の意味であろう。そこに到達する前に、前段階を上ったり下りたりもする。真の解脱に至る段階である。

『大涅槃経』[24]では、五つの束縛を滅尽した者は化生者と呼ばれ、転生することはない。三つの束縛を滅尽した者は一来者と呼ばれ、一度だけこの世に戻り、苦の終焉をつくる。三つの束縛を滅尽した者は、預留者、決定者とも呼ばれている。『ジャナヴァサバ経[25]』では預流者・決定者は「上位の覚りに趣く者である」とある。

『大涅槃経』「法鏡」では、「(前略)聖なる弟子は、もし望むならば、自分自身で、私には地獄が滅している。動物の胎は滅している。餓鬼の領域は滅している。苦処・悪童・破滅(地獄と同義)は滅している。私は預留者であり、(中略)上位の覚りに赴くものである」という箇所がある。[26]

ここには地獄、畜生、餓鬼といった五道(その後六道)の概念が出ている(人間と天界は既知)と同時に、覚れば上位に行くことができる。『結集経[27]』では五趣として、『大獅子哮経[28]』では五道として、地獄、畜生の胎、餓鬼の領域、人間、天と書かれている。人間と畜生は生まれ変わる胎であり、その他は異界である。

釈迦の入滅時の言葉に「この法および律において怠けることなく住む者は、生まれの輪廻を捨て去って苦の集結を作るである」(大涅槃経)とある。あくまで最終目的は転生しないことである。

『マハーゴーヴィンダ経[29]』に、あるバラモンが「人間のうちで我執を捨断し終わり、バラモンよ、心専一の者となり、憐れみの禅に傾いて生臭のない者となり、淫欲からも離れ去り、ここに留まり、そしてまた、これについて学ぶなら、人は不死なる梵天(ブラフマン)の世界に到達いたします」と述べたのに反論して、釈迦は「パンチャシカよ、(中略)、その梵行は、(中略)、正しい覚りに、涅槃に導くものではなく、ただ梵天（ブラフマン）界に生まれるためのものに過ぎません」と説く。

ここにヒンドゥー教との決定的違いがある。仏教の解脱は、アートマンがブラフマンに到達（合一）することではない。ブラフマン（梵天）は、仏教では天界の神々の一人となってしまった。

❖何が輪廻し、解脱するのか

ところで、輪廻し解脱する主体は何なのであろう。釈迦の「死生通・天眼の智・死と再生の智」では、「その業に応じて行く」と説かれる（『大サッチャカ経』も参照(30)）。もし業のみが輪廻するとしたら、これには実体も媒体もない。

『マハーリ経』で釈迦が二人の出家者に「霊魂と肉体は同じものでしょうか。それとも異なるものでしょうか」と問われた際、「天眼の智」を引き合いに釈迦はこう答える。「このようにして、心が、安定し、清浄となり、純白となり、汚れなく、付随煩悩を離れ、柔軟になり、行動に適し、確固不動のものになると、かれは、生けるものたちの、死と再生の智に心を傾注し、向けます。かれは、清浄にして超人的な天の眼によって、生けるものたちが、劣ったもの・優れたものとして、美しいもの・醜いものとして、幸福なもの・不幸なものとして、死にかわり生まれかわるのを見、生けるものたちが、その業に応じて行くのを知るのです。（中略）。私は霊魂と肉体は同じものであるかとか、霊魂と肉体は異なるものであるかということを言いません」[31]。

ここでは因果応報が述べられているわけであるが、輪廻する主体は霊魂ではない。もちろん肉体でもない。「業に応じて行くのを知る」ことを「死生智《ししょうち》」ともいう[32]。業のみが輪廻する。業のみが輪廻するとはどういうことなのか。

『三明経』のなかで、釈迦は「（前略）心が解脱するならば、有量の業（欲界）が、そこに残ることはなく、そこに留まることはありません。ヴェーセッタよ、これが梵天との共住に到るための道です[33]」と語る。無量の業は、訳者注によれば色界と無色界を指す。この三界を輪廻するのは業ということになる。涅槃は、三界を超越した滅尽界である（結集経[34]）。

筆者（下田）は、業は「一種の記憶のようなもの」ということができるのではないのかと思っている。あるいは「情報」と呼んでもよい。となると「記憶」「情報」を運ぶＵＳＢのような媒体が必要となるのではないのか。つまり、釈迦がアートマンは不滅ではないという場合のアートマンとは、この実体をもつＵＳＢのことを意味し、「情報」とは区別しているのだ。こう考えれば、業のみ輪廻も可能である。ＵＳＢが使い物にならなくなったら新品を買えばいいのだから。

『パーティカ教[35]』では、宇宙の起源についてこう語る。「私（釈迦）は起源と知られるものを知っています。また、それを知り、それ以上のことも知っています。また、それを知っていますが、執《しゅう》取《しゅ》しません。また執取しない私には、自ら寂滅が知られています」。

ヒンドゥー教ではブラフマンは初めから存在した。有であった。釈迦は、無から有が生じることも否定している。起源を知っているが、それに執着するのは無意味と説いているのである。

よく「生まれ変わり」の話に母親を選んで母胎に入るというものがある。『結集経』(36)に興味深いことが書かれている。四つの入胎がある。一つは、知らないまま母胎に入り、知らないまま母胎に留まり、知らないまま母胎から出る。訳注によれば、これは一般人の生まれ方であるという。二つめは、知りつつ母胎に入り、知らないまま母胎に留まり、知らないまま母胎から出る。これは八十人の大長老弟子によるものだという。三つめは、知りつつ母胎に入り、知りつつ母胎に留まり、知らないで母胎から出る。これは二人の最上弟子と諸独覚によるものである。四つめは、知りつつ母胎にはいり、知りつつ母胎に留まり、知りつつ母胎から出る者で、これは訳注に菩薩とあるが、菩薩は大乗仏教の言葉である。

ともあれ、上位にいくにつれ入胎の秘密を知るようになる。興味深い。

❖ 大乗仏教

大乗仏教は起源一世紀頃に登場したが、初期仏教を引き継いだ上座部仏教が修行僧のみの解脱に限定したのに対し、万人成仏を唱えたことは周知である。[37]

もちろん、その目的は同じで輪廻の束縛から解放されることである。以下『法華経』より引用すれば、「二度と再び生死の回転（輪廻）に陥ることなくさとりを達成する」。「生と死の回転（輪廻）の苦悩はさとりの境地に達して終わる」。「三界から離脱した人間たちに、如来は瞑想と苦悩寄りの解放を与える」。三界とは欲界、色界、無色界で、ここを輪廻する（六道は三界に含まれる）。ブラフマンは天界の神々の一人に過ぎなくなった（これは上座部も同じ）。

大乗仏教に、仏（釈迦）の「応身・報身・法身」という考えがある。応身仏とは、信徒の間に、永遠に教えを説く仏の姿が固定化したものである。しかし、今や永遠に教えを説く釈迦は入滅し、この世には存在しない。そこで応身仏の化身をつくりだした。これが報身仏で、阿弥陀如来、薬師如来、大日如来などである。さらに、これらの仏をして仏たらしめている絶対者が必要で、それが法身仏である。チベット密教では、法身は「微動だにせず、しかも生き生きとしている」。[38]

この法身仏と我が身（仏身）＝修行者との合一を説いたのが七世紀に成立した密教（真言宗）である。その経典『大日経』に「自己の三昧に住して仏と一体になる観法を了解せよ」という文言が書かれている。[39] これはヒンドゥー教のアートマンとブラフマンとの合一と同じ論理ではないのか。絶対者との合一は神秘主義である。

大乗仏教は菩薩による万人救済を説いたが、それだけではなかった。一〜二世紀頃成立したとされる『維摩経』[40] にこうある。「（前略）菩薩は衆生を成熟させるために、希望したとおりに仏国土をつくる。（中略）修行という国土こそ、菩薩の仏国土である。（中略）。そこにはすでに大乗にはいっている衆生が生まれる。（中略）。そこにはあらゆる解脱の事実に引きつけられた衆生が生まれる」。この場合、仏国土は菩薩が支配する現世である。同時に、万人の修行の場であると解釈できる。したがって、大乗仏教も、少なくとも当初は万人救済だけを言っていたわけではない。

また以下のような箇所もある。「世尊が仰せられる。シャーリプトラよ、この仏国土はいつもこのようであるのだが、低劣な衆生を次第に成熟させていくために、如来は、この仏国土にこんな多くの欠陥や不完全さがあるように見せるのである。（中略）人々は同一の仏国土に生まれてはいるが、彼らがどのように浄められているかに応じて、仏国土の功徳の飾られ方も種々にあらわとなるのである」。

ここでも現世は未熟な人間が浄められる修行の場であることが語られる。この浄められる対象はアートマンなのか？　しかし、仏教ではアートマンの不滅・永遠性は否定しているから、やはり業なのであろう。
ナーガールジュナ（龍樹）の『中論』を注釈したバーヴァヴィヴェーカ（清弁《しょうべん》）の『智恵のともしび』[41]に「行為（業）と煩悩が再生の原因であるから、これら二つが止滅（浄められて？）て、苦から解放されることが解脱である」とあるのは、業の浄めを語ったものである。
『チベット死者の書』「バルドゥ・トェ・ドル」[42]は、現世での臨終から再誕生までの中陰（中有）（バルド）における死者への手引き書といわれる。臨終から「あの世」へ入る手引きと、この世へ転生する時の手引きの二つの部分からなる書物と読める。また、必ずしもバルドゥが四十九日間とは言っていない。中陰の存在やその期間は、ヒンドゥー教や初期仏教にはなく、後生の創作である。[43]
あの世への入り口は光明（大日如来）であり、あの世への導き手として仏、菩薩、その従者が迎えにやってくる。転生、とくに人間に転生する際の子宮（母親）の選択は自己選択である。『チベット死者の書』は万人救済、解脱の書というより、良い生まれ変わりを万人に示した書である。

❖ジャイナ教とシク教

ジャイナ教[44]では、業を非常に微細な物質と捉える。日常生活において、その業がジーヴァ（霊魂）＝アートマンに入り込み付着する。ジーヴァは業が一切付着していないのが本質であるが、業によって輪廻転生している。ジーヴァが浄化され本来の状態に戻るのが解脱で、輪廻転生から解放される。そのために厳格な禁欲主義が課されている。

また、宇宙はエリアーデのいう宇宙樹のように層をなしており、上方にいくほど清らかな世界で、これらの層を転生している。これは仏教の三界と同じであるが、最上階が解脱した霊魂が赴く場であった（仏教では三界に転生しないことが解脱）。

一五世紀に、グル・ナーナクによって創始され、パンンジャーブ地方に広まったシク教[45]は、絶対的真理（それを一と表現するところは新プラトン主義的）との合一によって、輪廻転生が終わると説く。生前の善行が次の生をより良くする（逆もある）というカルマ（業）はヒンドゥー教と同じである。人間を輪廻に走らせる仏教で言う煩悩をハウマイという。このハウマイからの解放が解脱の道である。執着を離れよという仏教との類似性が見られる。

シク教は、絶対的真理をブラフマンとは呼ばない。ヒンドゥー教のように神々を想定しない。したがって偶像崇拝もない。ここがイスラムとヒンドゥー教との折衷といわれるゆえんである。絶対的真理と合一するまでに五つの段階を経るというのは、イスラム・スーフィズムに類似する。

シク教では、現世は個人の精神的進歩の場とみる。生と死をくり返し、徐々に進歩し、最終的に絶対的真理と合一する。絶対的真理と合一する主体あるいは輪廻転生する主体は自我＝霊魂＝アートマンである。

❖老荘思想

老荘思想には、明確な輪廻転生論は説かれてはいないが、類似する概念はみることができる。『老子』「帰根第十六」に、「虚を致すこと極まり、静を守ること篤ければ、万物並び作《お》こるも、我以て其の復《かえ》るを観る。夫れ物芸芸《うんうん》たるも、各各《おのおの》其の根に復帰す、、、」とある。

無心の境地を極め、心の平静さを保ちきれば、万物が一斉に生じても、私には万物が循環してその根源に立ち返るのを見ることができる、という意味である。つまり万物は循環しているが、最後はその根源である道に戻る。(46)

あるいは「貴生第五十」に「出でて生き入りて死す。生の徒、十に三有《さんあ》り。死の徒、十に三有り、、、」とある。万物は根源である道からこの世に生まれ、道に戻って死ぬ。生死は道の出入り口に過ぎない現象であるから、いたずらに生に執着するな、という解釈である。[47] 生死への執着を絶つのは釈迦の思想に類似する。

『荘子』「我は心を物の初めに遊ばしむ[48]」に「（前略）生は萌《きざ》すに所有り、死は帰するに所有り、始終、無端に相反して、其の極まる所を知る莫《な》し。是に非ずんば、且《は》た孰《たれ》か之《これ》が宗と為《な》らん、と」。万物の発生は無物の状態から萌《きざ》し、その死滅は未生の状態に帰るのである。かくして物の始まりと終わりは、極まることなく循環反覆して止まり尽きることがない。かかる現象を主宰するものこそ道であり、この道を他にして、何が万物の本源たり得ようか、という解釈である。循環反復する万物を司る本源は道であるという意味である。

「回《かい》座《ざ》忘《ぼう》せり[49]」では「（前略）何をか座忘と謂う、、、肢体を堕《おと》し、聡明をしりぞけ、形を離れ知を去り、大通《だいつう》に同ず。此れを座忘と謂う、、、」。

肉体的束縛から脱し、道との一体化が説かれるが、道をヒンドゥー教のブラフマンと類似する概念としていいのか。

中国古代では南斗星が生を司り、北斗星が死を司るという考えがあった。人間は母親の胎内に宿ると（南斗星が魂を授ける）、南斗星の手から北斗星の所管に移る（つまり生まれた瞬間から死に向かっているという意味だろう)。そして死によって北斗星によって回収された魂が、新たに女性の胎内に入り込んで生まれ変わることを「投胎転生」という。(50)

中国の異界観は複数が併存していた。古代より死者の魂は山岳に集まるとされ、最も有名なのが泰山である。ここでは異界は山である。黄泉《こうせん》は地下にある死者の国であった。人間には二つの霊魂、つまり魂《こん》と魄《はく》があり、魂は天上(天界)へ、魄は死体とともに地下に赴くという発想もあった。海上の常世《とこよ》の楽園(蓬莱山《ほうらいさん》)という概念もあった。あるいは現世の映し鏡のような他界観もあった。一方、老荘思想と習合した神仙術の修行者が目指したのは、崑崙山《こんろんさん》から天帝(天神)のいる天界への昇天であった。

老荘思想には明確な死後の世界は描かれてはいない。しかし『荘子』「髑髏《どくろ》を援《ひ》いて枕として臥す」に、荘子が旅の途中しゃれこうべを見つけ、それを枕にしたら夢をみた。荘子は髑髏に死の世界を問うたら、ここには身分も関係も四季もない。ゆったりと身をまかせ天地と寿命を等しくするばかりだと、安楽の世界を説いている。(51) こういった複数の異界観がどういったつながりがあるのかは不明である。

老荘思想は、その後、道教として神仙術や呪符信仰に変容してしまうが、仏教の輪廻転生論も取り入れた道士も現われる。例えば、葛玄《かつげん》(一六四〜二四四年)は十六回の過去生を語っている。(52) 道士のなかには祖先の生まれ変わりを唱える者もいた。そればかりか、カルマも個人のものではなく祖先のものを引き受けるとも唱えた。これは、次にみる儒教との習合なのだろう。

❖儒教と転生論

儒教の五つの経典の一つ『易経』(53)は六十四掛をもってする占いの書であるが、基本は、太極から陰陽が生じ、陰陽の交差で八掛さらに六十四掛とする。ならば太極とは万物の根源なのか。しかし、十一世紀の儒学者朱子によれば、無（無極）と有（太極）は同時に存在した。太極を理、無極を気と呼び、理と気の交差から陰陽が生じ、陰陽の交差で万物が生じた。(54)

「周易説掛伝」に「万物の終わりを成すところにして始めを成すところなり。故に艮《ごん》に成言すと曰う」とある。艮《ごん》は東北の掛けであるが、『易』でも万物は生成と消滅を繰り返すのである。(55)日本では艮《うしとら》の方角は邪気が流れるものと理解されている。

加地伸行によれば、(56)儒教の「儒」とはもともとシャーマンを意味した。シャーマンは、人間は魂《こん》＝精神の主宰者と魄《はく》＝肉体の主宰者から成っており、これが結合されているのが生の状態で、この二つが分離した状態を死と考えた。

魂は天上（天界?）に魄は地下（黄泉?）に行く（霊魂が二つあることになる）。肉体が白骨化すると、その頭蓋骨を廟に安置し、残りは埋葬し、これが墓となった。さて、シャーマンは故人の命日に、頭蓋骨を生きた人間（孫が多い）の頭にかぶせ、そこに魂と魄を憑かせた。これによって魂と魄は合体し、故人が再生すると考えた。これを招魂復魄とか招魂再生という。頭蓋骨は、やがて木の板になって神主や木主と呼ばれるようになった。これが儒教の根本だと加地は述べる。これを深読みすれば、先祖が子孫として「転生」することを儀礼化したとも解釈できる。

『礼記』[57]には、鬼神について、孔子が弟子に説くという形式で以下のようにある。「気に属する魂は天の盛大なるものであり、形体に属する魄は鬼の盛大なるものである。こういうわけだから鬼神をあわせまつるのは教えのゆきとどいたことなのである。そもそもこの世に生きているすべてのものはかならず死ぬのであり、死ねばかならず形体は土に帰るものである。これを鬼というのだ。こうして骨肉が下にたおれてくさって野土にかくれてしまうと、その魂気はこれからぬけて天上に上ってゆき、神霊光明なる存在となるのである。（中略）これが万物の精霊であり、これが神のあらわれと云えるものなのである。さて聖人は万物のこのような精霊によって、これにもっとも尊いよび名を与えて、はっきりとこれを鬼神と名づけ、一般人民の尊び従うべき法則としたのである。（中略）これらの法則を万人に与えた聖人はこれでもまだ十分としないで、祖先の霊をまつる場所として廟を建設して、親琉や遠近の別をはっきりさせ、祖先と父母の霊をまつって、自分が生まれ出たほんもとをいつも忘れないでいるようにさせる。（後略）」

魂魄という二つの霊魂は鬼神と呼ばれ、死後、天と地に戻るが、これらは万物の精霊になると述べている。つまり祖先の霊魂は万物の精霊となったから、これを祀るのだということであろう。ここでいう万物の精霊が何を意味するかは不明であるが、これが、新しい生命と仮定すれば、転生となる。

とはいっても、輪廻転生論が本格的に説かれるのは仏教が入ってきてからである。そして、儒教の祖先崇拝は祖先から子孫へと連続する縦のラインが基本である。これは輪廻転生論とどう習合できるのか。

日本の例になるが、柳田国男は『先祖の話』(58)のなかで、人は亡くなってある年限を過ぎると、それから後はご先祖様、または、みたま様という一つの尊い霊体に融け込んでしまうと、以前の日本人は考えていたと述べている。以前の日本人というのがいつの時代を指すのかは不明であるが、「一つの尊い霊体に融け込む」とは、ヒンドゥー教でいえばブラフマンに合一することに相当するのか。

中国や日本の仏教は、少なくとも民衆レベルでは、輪廻転生よりも浄土信仰が強かったので、「一つの尊い霊体に融け込む」というのは浄土成仏と適合するようにも思える。この場合、転生過程をすっとばして、「一つの尊い霊体に融け込む」＝成仏するのである。

ということは定期的に（中国なら清明節、日本なら盆・彼岸）墓や仏壇に舞い戻ってくる先祖は、まだ「一つの尊い霊体」に融け込こんではいない（つまり成仏していない）ことになる。三十三回忌で法要を終えたのは、ここで「一つの尊い霊体」に融け込んだのだろう。三十三回忌は満三十二年目だから、この発想は儒教から来ている（満二年目三回忌は儒教由来）。

インドにはシュラーッダという祖霊祭（ウパニシャッド以前の先住民の古い習慣が習合したものと推測できる）がある。[59]ヒンドゥー教の「祖霊祭」の祖霊は「弔いあげ後の個性を失った集合的な死者の霊」、柳田の「一つの尊い霊体」ではなく、父・祖父・曾祖父および母方の祖父・曾祖父・高祖父といった個性をもつ霊魂らしい。[60]

しかし『マヌ法典』[61]を読むと、むしろ祖霊は天界に存する神々と同列に扱われている。祖霊は原初の神である［3・192］。この場合の祖先は「一つの尊い霊体」に融け込んだのだろう。「マヌ法典」でも祖霊の仲間に、祖父・曾祖父・高祖父を名指ししている箇所が有り［3・220～221、3・284］、これは個性をもった先祖である。個性をもった先祖の場合、より良い世界への転生を祈願すると理解できる。祖先の良き転生が子孫であると解釈すれば、祖先崇拝と輪廻転生は論理的に習合できよう。

祖先崇拝（儒教）と輪廻転生（仏教）は一見論理的には矛盾しているようにみえるが、中国で仏教と儒教が習合できたのも、以上のような説明（祖先の良き転生が子孫）でよいかと思う。

❖小　括

ヒンドゥー教も仏教も、輪廻転生を苦と捉え、そこからの解脱を目的とした。ヒンドゥー教の解脱は、不滅のアートマンとブラフマンの合一によっておこなわれる。

しかし、諸行無常を核とする仏教、少なくとも初期仏教には、不滅な存在はない。アートマン＝霊魂を否定はしないが、不滅ではない。アートマンもブラフマンも変化流転あるいは消滅する。だから、輪廻するのは業のみである。解脱は、あらゆるものへの執着を滅することで得られる。ブラフマンは神々の一人に降格してしまった。

老荘思想も万物を循環すると捉える。したがって、動植物は転生する。しかし、やがては道に戻らねばならない。道が万物を司る。

儒教は、祖先崇拝を体系化した宗教であるが、万物は生成と消滅を繰り返すという考えもある。先祖は子孫として生まれ変わるという考えは転生である。

注

(1)『リグ・ヴェーダ賛歌』辻直四郎訳、岩波文庫、一九七〇年。『アタルヴァ・ヴェーダ賛歌』辻直四郎訳、岩波文庫、一九七九年。下田淳『世界文明史』昭和堂、二〇一七年、一九三頁以下。
(2)辻直四郎編『ヴェーダ・アヴェスター』筑摩書房、一九六七年、一三七頁以下。
(3)湯田豊『ウパニシャッド——翻訳および解説』大東出版社、二〇〇〇年。『原典訳 ウパニシャッド』岩本裕編訳、ちくま学芸文庫、二〇一三年も参照した。
(4)中村元『ブラフマ・スートラの哲学』岩波書店、一九五一年、四四六頁以下。
(5)長尾雅人責任編集『バラモン経典・原始仏典』世界の名著 一、中央公論社、一九六九年、五一頁。
(6)中村元『シャンカラの思想』岩波書店、一九八九年、二三二頁以下。長尾責任編集『バラモン経典・原始仏典』二四六頁以下。
(7)中村元選集〔決定版〕第九巻『ウパニシャッドの思想』春秋社、一九九〇年、三〇八頁以下。
(8)中村『シャンカラの思想』四六六頁以下。
(9)長尾責任編集『バラモン経典・原始仏典』二七八頁以下。
(10)湯田豊『ブラフマ・スートラ——シャンカラの注釈(下)』大東出版社、二〇〇七年、二四五頁以下。
(11)長尾責任編集『バラモン経典・原始仏典』二九一頁。
(12)長尾責任編集『バラモン経典・原始仏典』一八九頁以下。
(13)長尾責任編集『バラモン経典・原始仏典』二一〇頁以下。
(14)長尾責任編集『バラモン経典・原始仏典』と『バガヴァッドギーター』上村勝彦訳、岩波文庫、一九九二年の二つの訳を併用した。
(15)長尾責任編集『バラモン経典・原始仏典』一六〇頁以下。『バガヴァッドギーター』上村勝彦訳、四五頁以下。
(16)『ブッダのことば――スッタニパータ』中村元訳、岩波書店、一九九一年。
(17)中村元『原始仏典』ちくま学芸文庫、二〇一一年、一七六頁。
(18)中村『原始仏典』二九二頁以下。
(19)中村『原始仏典』三八一頁以下。
(20)長尾責任編集『バラモン経典・原始仏典』五三三頁以下。『パーリ仏典第二期1 長部(ディーガニカーヤ)戒蘊篇Ⅰ』片山一良訳、大蔵出版、二〇〇三年、二二二頁以下。『パーリ仏典第二期6 長部(ディーガニカーヤ)パーティカ篇Ⅱ』二〇〇六年、「十増経」一九五頁以下。神通力の話は『アンバッタ経』などにも出てくる(『パーリ仏典第二期1 長部(ディーガニカーヤ)戒蘊篇Ⅰ』二七五頁以下、三四一頁以下)。
(21)『パーリ仏典第二期1 長部(ディーガニカーヤ)戒蘊篇Ⅰ』一〇二頁以下、一四一頁以下。
(22)『パーリ仏典第二期2 長部(ディーガニカーヤ)戒蘊篇Ⅱ』二〇〇三年、一〇七頁以下、三六九頁。
(23)『パーリ仏典第二期3 長部(ディーガニカーヤ)大篇Ⅰ』二〇〇四年、一六八頁以下。
(24)『パーリ仏典第二期3 長部(ディーガニカーヤ)大篇Ⅰ』二〇五頁以下。
(25)『パーリ仏典第二期4 長部(ディーガニカーヤ)大篇Ⅱ』二〇〇四年、六六頁。
(26)『パーリ仏典第二期3 長部(ディーガニカーヤ)大篇Ⅰ』二〇七頁。
(27)『パーリ仏典第二期6 長部(ディーガニカーヤ)パーティカ篇Ⅱ』七六頁。
(28)『パーリ仏典第一期1 中部(マッジマニカーヤ)根本五十経篇Ⅰ』一九九七年、二一一頁以下。
(29)『パーリ仏典第二期4 長部(ディーガニカーヤ)大篇Ⅱ』一二四頁以下。

(30)『パーリ仏典第一期4 中部(マッジマニカーヤ)根本五十経篇Ⅱ』一九九八年、二一八頁。
(31)『パーリ仏典第二期2 長部(ディーガニカーヤ)戒蘊篇Ⅱ』一〇九頁以下。
(32)『パーリ仏典第二期5 長部(ディーガニカーヤ)パーティカ篇Ⅰ』二〇〇五年、二三二頁以下。
(33)『パーリ仏典第一期2 中部(マッジマニカーヤ)根本五十経篇Ⅱ』一九九八年、二一八頁以下。
(34)『パーリ仏典第二期6 長部(ディーガニカーヤ)パーティカ篇Ⅱ』三四頁。
(35)『パーリ仏典第二期5 長部(ディーガニカーヤ)パーティカ篇Ⅰ』六八頁以下。
(36)『パーリ仏典第二期6 長部(ディーガニカーヤ)パーティカ篇Ⅱ』六八頁以下。
(37)以下、『法華経』上、坂本幸男・岩本裕訳注、岩波文庫、一九七六年、一一頁、一〇九頁、一一九頁、一二七頁、一八一頁。同じく『法華経』中・下、岩波文庫、一九七六年。
(38)『法華経』上、坂本・岩本訳注、三六八頁以下。中沢新一・ラマ・ケツン・サンポ『改稿 虹の階梯――チベット密教の瞑想修行』中公文庫、一九九三年、二九頁、四一頁。
(39)『大日経・金剛頂教』全品現代語訳、大角修訳・解説、角川ソフィア文庫、二〇一九年、二三頁、一二三頁、一五八頁。『空海コレクション』一、坂宥勝監修・福田亮成校訂・訳、ちくま学芸文庫、二〇〇四年。
(40)長尾雅人責任編集『大乗仏教』世界の名著二、中央公論社、一九六七年、九二頁以下。
(41)長尾責任編集『大乗仏教』、三二二頁以下。
(42)『新訂チベット死者の書――経典バルドゥ・トェ・ドル』おおえまさのり訳、講談社+α文庫、一九九四年。『原典訳チベット死者の書』川崎信定訳、ちくま学芸文庫、一九九三年。平岡宏一訳『ゲルク派版チベット死者の書』平岡宏一訳、学研M文庫、二〇〇一年。
(43)阿部真也「『婆娑論』における中有」『印度學佛教學研究』六六(二)、二〇一八年。長尾光恵「中国浄土教における中有（中陰）の導入」『印度學佛教學研究』七〇（一）、二〇二一年。
(44) 上田真啓『ジャイナ教とは何か――菜食・托鉢・断食の生命観』ブックレット《アジアを学ぼう》四九、風響社、二〇一七年、二五頁以下。渡辺研二『ジャイナ教 非所有・非暴力・非殺生――その教義と実生活』論創社、二〇〇五年、一五六頁以下。
(45) N－G・コウル・シング『シク教』高橋堯英訳、青土社、一九九四年、八七頁以下。コール＆サンビー『シク教――教義と歴史』溝上富夫訳、筑摩書房、一九八六年、九六頁以下。
(46) 阿部吉雄・山本敏夫著、渡辺雅之編『老子』新版、明治書院、二〇〇二年、四九頁以下。
(47) 阿部・山本著、渡辺編『老子』、一四七頁以下。
(48) 市川安司・遠藤哲夫著、石川泰成編『荘子』明治書院、二〇〇二年、一六九頁以下。
(49) 市川・遠藤著、石川編『荘子』八五頁以下。
(50) 伊藤清司『死者の棲む楽園――古代中国の死生観』角川選書、一九九八年、四六頁、二二七頁以下。
(51) 市川・遠藤著、石川編『荘子』一五八頁以下。
(52) Stephen R. Bokenkamp, *Ancestors and Anxiety. Daoism and Birth od Rebirth in China*. Berkely/ Los Angels/ London, 2007, pp. 158ff.
(53)『易経』上・下、高田真治・後藤元巳訳、岩波文庫、一九六九年
(54)『易経』上、五四頁以下。下田『世界文明史』二一二頁。
(55)『易経』上、七二頁以下解説参照。
(56) 加地伸行『儒教とは何か』増補版、中公新書、二〇一五年、一七頁以下。同『沈黙の主教――儒』ちくま学芸文庫、二〇一一年、五九頁以下。下田『世界文明史』二〇六頁以下。

(57) 下見隆雄『礼記』明徳出版社、一九七三年、一九〇頁以下。
(58) 柳田国男『先祖の話』角川ソフィア文庫、二〇一三年、七一頁、七七頁、一四五頁。
(59) 河野亮仙「インドの祖霊崇拝/ブータをめぐって」『印度學佛教學研究』三七(二)、一九八九年。虫賀幹華「ヒンドゥー教の葬儀・祖先祭祀研究(一)——特定の死者に対する継続的供養儀礼の成立について」『東京大学宗教学年報』二九、二〇一二年。
(60) 虫賀幹華「古代インドにおける祖先祭祀と女性の関与」『宗教研究』八六(四)、二〇一三年。
(61) 『マヌ法典』東洋文庫八四二、渡瀬信之訳注、平凡社、二〇一三年、一〇四頁以下。

Ⅳ――西洋の転生論を読む

❖ ヘロドトス（前四八四～四二五頃）

中東から西は一神教である。キリスト教とイスラムは輪廻転生を認めない。しかし、西洋でも、輪廻転生論は、古代より現代に至るまで脈々と底流を流れていた[1]。

ヘロドトスは『歴史』[2]のなかで、エジプト人の輪廻転生論を述べている。それによれば、地下界を支配するのはデメテルとディオニソスの二神であり、人間の霊魂は不滅で、肉体が亡びると、次々に生まれてくる他の動物の体内に宿る。魂は陸に棲むもの、海に棲むもの、空飛ぶもの、とあらゆる動物の体を一巡すると、ふたたび人間の胎内に入り、三千年で一巡する。ギリシア人のなかには、この説を取り上げる者がいるが、ここでは名を記さないと書いている。訳者注によれば、オルペウス教団、ペレキュデス、ピュタゴラス、エンペドクレスらしい。

ヘロドトスは、また別の箇所（巻4、94、95）で、トラキア人は霊魂の不滅を信じ、将来は永遠の生を享してあらゆる善福に浴する場所に行くという。ここは神霊サルモクシスの所であった。このサルモクシスとは、実は人間でピュタゴラスの奴隷であったとも書かれている。

さて、ピュタゴラスやオルペウス教団の輪廻転生論は後述するとして、これがエジプト起源であったのだろうか。エジプト神話にあたってみたが、[3] 輪廻転生の記述はない。別の文献[4]で、暗示している箇所はあった。

ヌト女神は死者の守護者であり、死者はこの女神によって再び生まれる。ティトエス神も死者の守護者である。死者の眠りは新たな生の目覚めとされた。

エジプトにギリシアの輪廻転生論の起源を見るのは難しそうである。といっても、ギリシア神話にも輪廻転生や生まれ変わりの話は見あたらない。

❖オルペウス教（前六世紀末）

オルペウスは、ギリシア神話では、死んだ妻のエウリュディケを連れ戻しに冥界に下る話で有名である。結局この試みは、妻の「決して私を見ないで」という約束を破ったため失敗に終わる。また、オルペウスは、冥界下りの後、毎朝、アポロン神＝太陽神を拝むために、パンガイオン山に登っていたが、怒ったディオニュソスは信女たちをさしむけ、オルペウスは八つ裂きにされて手足はばらばらに撒かれた。ヘブロン川に投げ込まれた首は、歌を歌いながら流れていくが回収され、信託をくだすようになったという。[5]

ここに外来神ディオニュソスが登場している。神話では、このディオニソスも八つ裂きにされているのである。ゼウスの子ディオニュソスをゼウスの宿敵ティタン神族が八つ裂きにして食べてしまった。怒ったゼウスは稲妻で彼らを焼き殺し、残されたディオニュソスの四肢をアポロンに言いつけて、デルポイのアポロン神殿に埋葬させた。女神ヘラが救出（掘り出した？）したディオニュソスの心臓から、ゼウスはディオニュソスを再生させる。それからゼウスはティタン神族の灰から人間をつくった。このため人間は、ティタンのような悪の要素と、ティタンが食したディオニュソスの神的要素をもつことになる。来世（次の現世）に幸せになるためには悪の要素を切り離さなくてはならない。そのために、人はこの世で秘教に入信し善行（禁欲生活）を積む。

人間の魂が不死なのはこの神的要素をもつからである。しかし、ディオニュソスの母ペルセポネーの恨みから、魂は肉体（ソーマ）という牢獄に閉じ込められている。ティタン族がディオニュソスを殺害した時に始まった魂の生まれ変わりという循環を止めるには、ペルセポネーの嘆きを鎮めなくてはならない。そのために、禁欲の生活を（菜食主義など）実践する。それによって魂が浄化されれば、輪廻から解放されて神の世界に行くことができる。一方、儀礼を怠ると動物に生まれ変わることさえある。

オルペウス教は紀元前六世紀末以降成立し、民衆に人気となっていった。しかし、創始者が不明である。オルペウス教信者にピュタゴラス学派もいたらしい。永遠の輪廻を苦痛と捉えたのはインド人と同じである。そこからの解放が「解脱」である。

インドでは紀元前八世紀のウパニシャッドに業（カルマ）、輪廻（サンサーラ）、解脱（モークシャ）の概念が明確に出ている。もしかしたら、インドから（エジプト）経由で伝わったのだろうか？

❖ピュタゴラス（前五八二〜四九六頃）とピュタゴラス派

ピュタゴラスはオルペウス教信者だったといわれる。オルペウス教は古い民間信仰がもとという説もある。(6) 逆ではないのか？ 時代は同時代の紀元前六世紀である。彼がエジプトに留学したのはわかっている。(7) インド、チベット、中国まで赴いたという人もいる。(8) さすがにチベット、中国まではないだろうが、インドあるいはペルシアに赴いたなら、ピュタゴラスが輪廻転生を唱え菜食主義だったことも説明がつく。エジプトにインド僧が来たことも想像できるだろう。

流れは、インド（ペルシア）→エジプト→ピュタゴラス→オルペウス教となるだろうか？ こんなに単純なものではないだろうが、三世紀のプラトン主義者ポルピュリオスは、輪廻転生論をギリシアに初めて持ち帰ったのはピュタゴラスと書いている。

ピュタゴラスは、学問は魂の浄めのための道具と考えた。(9) 魂を浄めれば輪廻の苦痛から解脱できるということか。彼は、魂は動物にも転生すると考えた。

ピュタゴラスによれば、「万物全体の第一の始原と生成が揺り動かされて混沌とし、そして多くのものが寄り集まって種子として撒かれ、大地のなかで腐敗すると、わずかな時のうちに、一緒に生み出された動物と萌え出た植物との生成と分離が起こったが、その時同じ腐敗から人間が形成された」という。少し意味不明な文章であるが、オルペウス教の人間形成譚とは明らかに異なる。また、彼は自分の過去生を語った。(10)

前世の業（カルマ）が次の生を決めるという因果応報的考えをピュタゴラスがもっていたかは不明である。チェントローネの『ピュタゴラス派』は、ピュタゴラスが因果応報の考えをもっていたと書いている。

ピンダロス（前五二二〜四四二頃）は因果応報説をもっていた。彼によれば、罪を犯した者に対しては地底で容赦ない断罪が宣告され、善良な者には苦しみのない生が約束されている。しかし両者とも、三度不正から完全に過ごす勇気のあった者は皆、ゼウスの道を通って「クロノスの塔」へ達するという。

エンペドクレス（前四九〇〜四三〇頃）は輪廻転生を唱えたという。罪人、とくに神々の掟に背いた者は、至福の者たちの世界から追放され、その間を通じ、死すべきものどものありとあらゆる姿に生まれ変わり、苦しみ多き、生の道を次々とりかえると。ここでは輪廻は苦である。前世の業が次の生に影響する。至福の世界に入ると輪廻が終わるということが示唆されている。

エンペドクレスはピュタゴラス派であったといわれる。エンペドクレスは二霊魂説をもっていた。一つは、継起する化肉（輪廻転生のこと）を通じて存続する進歩的な自己であり、人間の潜在的な神性と現勢的（顕在的）な罪科の担い手であることを職分とする、知覚とも思考とも関係のないダイモーンである。二つめは火的元素から生成し、死に際して火的な元素のなかに吸収される生命の暖かさであり、知覚と思考の主体であるプシュケーである。輪廻転生するのはダイモーンであるようだが、一般にギリシア語の魂はプシュケーである。[11]

オルペウス教とピュタゴラス派の関係について、チェントローネは、ピュタゴラス主義者自身がオルペウス教の文献の著者であったという仮説を呈示している。

❖プラトン（前四二七～三四七）

ピュタゴラスの影響を受けたプラトン[12]は、『パイドン』で、死者たちは裁きの場に引き出され、善行をなした者、悪行を成した者、普通の者の魂は、それぞれの場に行くとソクラテスに語らせている。

哲学によって己を浄めた人々は、上方の世界で全く肉体から離脱した生活を送るという。悪行を成した者と普通の生を経験した者は、それにふさわしい場所に行く。それがどこかは書いてないが、プラトンは因果応報説を知っていたはずである。

『国家』には有名なエルの物語が語られている。冥界に行ったエルの見聞という形で話は進む。それによれば、牧場に裁判官たちがおり、天と地に二つずつ穴が開いている。正しい魂は天の穴（天国のような所？）へ、不正な魂は地の穴に向かう。地は地獄か？　天に行った魂も地に行った魂も、再び牧場に戻ってくるのだが、地での滞在は千年続く。牧場に戻った魂は旅に出て光の世界に赴く。そこで籤引きして順番を決め、次の生を選択する。僭主の生を選択する者もいた。オルペウスは白鳥の生を選択する。女性たちに殺されたから女性の腹に生まれるのを嫌ったからだという。動物の魂も人間同様の過程をたどる。次の生に生まれる前、レーテ（忘却）の川の水を飲んで過去生を忘れる。

この輪廻転生論は、生前の行為が天（国）行きと地（獄）行きを決めるが、それは次の生には影響せず、来世は自己選択となっている。いずれにせよ、輪廻転生に審判の概念が付加されたものである。

『パイドロス』では、魂の不死が語られた後、魂の本来の相（すがた）を、翼をもった一組の馬と、その手綱をとる翼をもった馭者とが一体となって働く力に喩えている。神々の場合は、馬と馭者はすべて善であるが、神以外のものにおいては、善きものと悪いものが混じり合っている。人間の場合、馭者が手綱をとるのは二頭の馬だが、一頭は美しく善であるが、もう一頭は正反対である。だから馭者の仕事は困難である。

翼のそろった完全な魂は、天空高く駆け上がって、あまねく宇宙の秩序を支配するが、翼を失うときは、何らかの個体にぶつかるまで下に落ち、土の要素から成る肉体をつかまえて、そこに住みつく。この魂と肉体が結合された全体は「生けるもの」と呼ばれ、そしてそれに「死すべき」という名が冠せられることとなった。ここには、人間には善悪二つの要素が存在するというピュタゴラス派の影響がみられる。

さて、『パイドロス』は続けて、人間の魂も馬に煩わせつつも、天球の外の真実性（イデア？）を観賞する場合がある。しかしある魂は馬が暴れるため真実性の一部しか見ない。また別の魂は翼が折れ、真実性の観賞ができない。真実性を観そこなった魂は、地上に落ちる。そして、この世に生まれる最初の代においてはいかなる動物のなかにも植え付けられない（ならば植物？）。真実性をこれまでに最も多く観た魂は地と美を愛する者、あるいは音楽を好む者、恋に生きる者の人間の種となる。以下、二番から九番までの生まれ変わる人の種類が説かれる。

魂がそこからやって来た場所（天空の外の真実性）に戻るには一万年を要する。翼が生じないからである。しかし、知と美を愛する生を送ったものは、一千年の周期が三回目にやってきた時、もし三回続けてそのような（知と美を愛する）生を選んだならば、それによって翼を生ぜしめられ、三千年で帰還できる。それ以外の魂は、最初の生涯を終えると裁きにかけられ、ある者は地下の仕置きの場、ある者は天上のある場所でそれにふさわしい生活を送る。そして千年経ったら、どちらの魂も、次の生のための籤引きをして、それぞれが欲する生を選択する。かつて人間だった者が、動物からふたたび人間に帰るということも、この場合におこる。

肉体（ソーマ）に閉じ込められた魂は善行を積むことで魂が浄められ、輪廻の呪縛を離れて真実性に帰還するとプラトンはいっている。転生する場合、次の生が自己選択である。

後期の『ティマイオス』では次の生は自己選択ではなく因果応報のようだ。現世で「悪を止めることがないなら、（中略）それに類した野獣の性に変化し、（中略）変転を重ねて、苦労が絶えることがないであろう」（一四）と述べている。『パイドン』「霊魂不滅の証明」でも大罪を犯した者は動物に転生すると言っている。来世の自己選択と矛盾しているが、書かれた書物の時期の違いによるものであろうか。

ちなみに、ピュタゴラスとプラトンの影響を受けたローマのキケロ（前一〇六〜四三）は『国家論』第六巻「スキーピオーの夢」のなかで、スキーピオー（小スキーピオー）は、祖父（大スキーピオ）に、「わたしたちが死んだものと考えている祖父や父パウルスやほかの人々が実は実際は生きているか、となお訊ねた。もちろんと彼（大スキーピオー）は言った。彼らは生きている。身体の束縛から、あたかも牢獄からのようにはばたいて逃れてきたのだ。しかし、おまえたちの生と呼ばれているものは死である」と語っている。さらに、やってきた故人である父パウルスに対して「父よ、これが生ならなぜわたしは地上でぐずぐずしているのでしょうか。どうしてあなたがたのいる所へわたしは急がないのでしょうか」と尋ねる。父は「そうではないのだ。というのは神が――おまえが見るすべてはこの神の聖域である――その身体の牢獄からおまえを解放したときでなければ、ここの入り口はおまえのために開くことはないからだ」。そして、父パウルスが子に語る。「スキーピオーよ、このおまえの祖父のごとく、おまえを生んだわたしのごとく、正義と義務を重んじるように。（中略）そのような人生が天界へ、そしてすでに生を終え身体から解放されてあの場所、おまえが見ている場所に住む人々の集まりへと導く道なのだ」。最後に、こういった考えはギリシア人から学んだと明言している。[13]

❖アリストテレス（前三八四～三二二）

アリストテレスは輪廻転生論者ではない。彼に『魂について』とい論考がある。プラトンとの違いを考察してみよう。

アリストテレスの目的は魂の自然状態、つまりその本質的あり方（ウーシアー）を考察することである。[14] 結論からいえば、彼はプラトンにみられる肉体とは別物として実在する魂を否定する。アリストテレスの物の捉え方は、形相エイドス（本質）と質料ヒューレ（実物）から成っており、たとえば、ある机は実物であるが、それを実物ならしめているものを形相と呼ぶ。この両者は分離することなく、結合している。

魂の属性としての諸状態（たとえば怒りなど）は、動物の自然的な素材（質料）から独立に離在しないのである。つまり、魂は肉体（質料）の形相（本質）であって、両者は分離して存在することはない。言い換えれば、魂は可能状態において生命をもつ自然的物体の形相としての本質的存在である。

ということは、肉体が死ねば、魂も消滅する。アリストテレスは魂の不死を否定する。よって輪廻転生など問題とはならない。

だが、これとは矛盾するようなことも言っている。人間は、他の生物と違って知性（ヌース）を認識するとしたうえで、『魂について』第五章で、自然の全体において、一方では素材（質料）であるが、他方では、すべてを生み出すゆえに、原因（形相？）つまり作用し生み出す能力を備えたものがある。同じように魂にもそのような区別が成立していることは必然である。

素材に相当する知性が存在し、他方では原因に相当する知性が存在する。後者は光に比せられるようなものであり、可能状態である色に作用し、活動実現状態にする色にするからである。この知性は、(肉体から)離在し作用を受けず、本質的ありかたにおいて活動実現状態にある。この知性は分離されて存在し、まさにそれにあるところのものであり、それ以外ではない。これだけが不死であり永遠である。

死滅しないヌース(知性)は能動的ヌース(魂を魂たらしめているもの?)と呼ばれるが、これは個人の魂では無い。『形而上学』に記された永遠で不道な、感覚的事物から離れて存在する実体、すなわち神のことではないのか。(15)

❖ 聖書外典のなかの輪廻転生論

外典とは正典から除外された文書全般を指す。旧約では、紀元一世紀末にユダヤ教の正典が決定された際、旧約聖書の最初のギリシア語訳、いわゆる七十人訳に含まれながら、ヘブライ語正典に入らなかった諸文書を正式には外典というらしく、それ以外は偽典という。旧約外典・偽典は紀元前二世紀から紀元後一世紀の間に書かれたものである。

それに対して、新約では偽典と呼ばれるものはなく、すべて外典と呼ばれる。新約正典は、二世紀から五世紀の過程で現在の形となった[16]。

本章は、聖書正典・外典成立史がテーマではなく、あくまで、西洋の転生論が主題なので、聖書外典に、とりわけ転生が示唆されている箇所がないかにのみ関心がある。

まず、旧約外典『ソロモンの知恵』第八章の「わたしは生まれがよく、運良くよき魂に恵まれ、あるいは善良であったゆえに、汚れなき体に入ることができた」（9〜10行[17]）は、前世の善行ゆえに次の生は良い身体に入ったと読める。これはプラトンというより、エンペドクレス（ピュタゴラス派）に近い。いずれにせよギリシア思想の影響が認められる。

一世紀に書かれたとされる『第四マカベア書』第16章にこうある。

「しかし聖にして神を敬う母親はこのようなくり言を決してもらさず、またどの子どもにも死なないようにと勧めることなく、また彼らが死んだ時にも悲しむことなく、かえって堅固な心を持って同じ数の息子を不死の生命へと生まれかわらせ、信仰のために死を選ぶよう懇願し励ました」（12〜13行[18]）。

もともとユダヤ教は律法宗教で、霊魂不滅や来世救済は唱えていなかった。ゾロアスター教やギリシア思想との接触で変容していったことは確かである。

『第四エズラ書』第七章「さて、死についてだが、一人の人が死ぬべきだという決定的命令が至高者から発せられると、霊魂は肉体を離れて、それを与えた方のもとに帰るのだが、そのとき霊魂はまず至高者の栄光をほめたたえる。もしその霊魂の持主が、至高者をあなどり、その道を守らず、律法を無視し、神を敬う人びとを憎む場合には、その霊魂はおちつく場所を与えられず、苦しみのうちに流浪し、なげき悲しみながら、七つの道をさまようのだ」。「死後には審判があって、われわれはもう一度生かされる。そのとき義しい者の名があきらかになり、不敬虔な者の行いもあらわになるのだ[19]」。

前者の「流浪」と後者の「もう一度生かされる」とは輪廻転生のことなのか。

❖グノーシス主義（一～四世紀頃）

新約外典に触れるまえに、グノーシス主義という一～四世紀頃に流行した神秘主義について概観しておく。なぜならこれがキリスト教と混淆して外典を成している場合があるからである。

グノーシスとは「認識」というギリシア語である。何を「認識」するのか。以下、筒井賢治『グノーシス[20]』を典拠に説明してみる。

グノーシス主義では上位世界（プレーローマ）に存する至高神と創造神（デミウルゴス）を別物と

考える。創造神の所産であるこの世界は悪であり、人間も悪である。ただ人間の一部には至高神に由来する要素（本来的自己）が残されており、救済とは、本来的自己が至高神のもとに戻ることである。人間の霊魂はプレーローマの出身であったが、今や現世に閉じ込められている。霊魂を閉じ込めているものは肉体（身体）である。そこから解放されてプレーローマに戻るのが救済で、そのことを人間に知らせるために遣わされたのがイエス・キリストであった。

至高神とエンノイア女神のペアから順次アイオーンとよばれる男女の神々が流出する。テレートスとソフィアに至るまで合計三十のアイオーンが成立し安定していた。至高神を眺めることのできるのはヌース（叡智）だけであったが、最下位のソフィアが至高神を見ようと企てたが失敗する。ソフィアの情念はプレーローマの外に捨てられるが、それが創造神を生み、創造神が人間を含めたこの世界を生み出す。ソフィアの情念はソフィアから出たものである。ソフィアはプレーローマの構成員だから、人間にはわずかにプレーローマの要素が含まれている。

人間の肉体に閉じ込められている霊魂＝本来的自己が、すべてプレーローマに帰還すれば、物質世界は消滅する。ちなみに、プレーローマ（霊的世界）の下位に「心魂的世界」、最下位に「物質世界」があり、人間のなかにもこの三つの要素がある。

グノーシス主義も多くのバリエーションがあるようで、上述したのはキリスト教グノーシス主義の一バリエーションである。これが輪廻転生とどう関係するのか。

❖新約外典

新約外典『ペテロの黙示録』(二世紀〜三世紀頃)三一節にこうある。[21]「だから、苦しみを受ける部分が残るのである。身体が『代価』なのだから。解放されたのは、私の非身体的な身体である。しかし私自身は輝く光で満たされている叡智的な霊である。私のもとに来るのをあなたが見たのは、われわれの叡智的な完成(プレーローマ)であり、完全な光と私の聖なる霊との結合である」。「プレーローマ」という言葉がある。

『ヨハネのアポクリュフォン』(二世紀前半頃)五八節「肉体の牢獄」では、[22]「(前略)とはすなわち、物質——これは暗闇と無知のことである——と欲望と模倣の霊(忌むべき霊)から。これこそ身体のこしらえ物(心魂的人間)の洞窟であり、人間の上に強盗たちが着せ付けたもの、忘却の鎖である。そしてこれが死ぬのが常の人間となったのである。これが最初に下降してきたものであり、最初の分裂である。しかしやがて彼の中に在ることになる光のエピノイア(配慮)、彼女が彼の思考を呼び覚ますであろう」。

人間は霊、心魂、肉体の三つから成っているが、霊と心魂は肉体の牢獄に閉じ込められている。

プレーローマに帰還できるのは霊のみである。霊と心魂を分けるところにグノーシス主義の特徴がある。

『ヨハネのアポクリュフォン』をさらに読み続ける。七二節以下。「そこで、私は言った、主よ、それでは、この者たちの魂ですが、それらは彼らの肉を離れた後、どこにゆくことになるのですか。すると、彼は微笑んで私に言った、その力が内側で、忌むべき霊（＝模倣の霊）よりも増大することとなる魂、この魂は強い。そしてそれは悪を離れるものである。また、不朽なる者の訪れによって救われ、永遠の安息へと受け入れられるものである」。「そこで、私は言った、主よ、では自分たちが誰に属するか者なのかを認識しなかった者たちについては、彼らの魂は一体どこへゆくのですか」。すると主は私に言った、「その者たちの場合は、彼らが迷った際に、忌むべき霊が彼らの中で増大してしまったのである。そして、それはその魂を抑えつけて、悪の業へと引きずってゆき、忘却へと投げ捨てるものである。そして、魂はそこから抜け出て来た後は、あの第一のアルコーン（創造神・悪神）によって存在するようになった諸力の手に渡される。そして、彼らはそれ（魂）を鎖に繋ぎ、牢獄に投げ込み、あちこちつれて動き回る。それ（魂）が忘却から目を覚まし、認識を受け取る時まで。そしてそれは、もしそのようにして完全となる者とならば、救われるのである」。「そこで、私は言った、主よ、それではどのようにして魂は少しずつ小さくなって、母親、あるいは夫の自然の身体の中に戻ったのですか。私がこのことを彼に尋ねると、その時主は喜んだ。

そして私に言った、君は実に幸いである。君は今や理解したのだから。その魂は、生命の霊を内に宿した別の魂に後に従わされるものである。その魂は生命の霊によって救われ、また別の肉のなかに投げ込まれることはない」。

難解な訳であるが、この箇所は重要である。言っていることは、浄化された魂は安息の場所、つまり生命の霊の場所に到達するが、そうでない魂は永遠に牢獄としての肉体に入り転生を繰り返すということである。キリスト教的グノーシス主義の輪廻転生論とそこからの「解脱」を説いたものである。

実は新約正典である「マタイの福音書」にも輪廻転生を示唆する箇所がある（Mt 17, 12f.）。「あなたがたに言っておく。エリヤはすでにきたのだ。しかし人びとは彼を認めず、自分かってに彼をあしらった。人の子もまた、彼らから同じようにされるだろう。その時、弟子たちは、イエスが洗礼者ヨハネのことを言われたと悟った」。洗礼者ヨハネは旧約に登場するエリヤの生まれ変わりと読めないこともない。

❖マニ教（三世紀〜）

マニ教はグノーシス主義の一バリエーションである。青木健『マニ教』[23]から概観してみる。

マニ教は、マニ・ハイイェー（二一六〜二七七年）の説いた宗教である。まだ宇宙が始まっていない頃、時間の神（バイ・ズルヴァーン）が光の王国を統治していた。他方、別の場所に暗黒の冥界があり、悪の王アフレマンが統治していた。ある時、アフレマンは光の王国の存在に気づき、そこへの侵入を試みる。この時点から宇宙が動き出す。光の王国のズルヴァーンは悪の王への対抗のため、最初の人間オフルマズドを創る。しかしオフルマズドとその軍団は悪の軍団に破れ、ズルヴァーンに由来する光の諸要素が暗黒の物質に囚われ、精神が物質に捕囚された現在の状況が出現する。冥界に落ちたオフルマズドを、ズルヴァーンはミフル神を創って救出させる。しかし、光の諸要素は依然として物質に飲み込まれた状態である。ミフル神と生命の母は、悪魔を何匹か捕え、その肉体から大地、天空、黄道を創造し、残りの悪魔たちをそのなかに押し込んだ。だから宇宙は暗黒の要素から出来ていることになる。ミフル神は、さらに何匹かの悪魔から光の要素を奪還し、それで太陽と月と光の柱を創った。さらに、ミフル神と生命の母から第三の使者が創造され、彼は、悪魔を欲情させ光の要素を輩出させる。輩出された光の要素は地上に落ちて動植物となった。ところが悪魔たちは、光の要素を物質のなかに閉じ込めておくため、特別な悪魔たちを創り、それに性欲を付加し交尾させ、アダムとイヴを誕生させる。彼らのなかには暗黒の物質から構成される肉体の再生産をする生殖機能がプログラムされているので、光の要素がそこから脱出するのは困難となった。

つまり、宇宙と人類は暗黒の悪魔を材料にとして創造された。純粋なのは、光の要素から創造された太陽、月、光の柱（天の川）と人間の魂である。悪魔たちの牢獄である宇宙と、光の要素の牢獄である人間（身体）はパラレルな関係となる。人間は悪魔によって光の王国の記憶を消去され、故郷を見失っている。人間がどこに帰還すべきかを知らしめるために預言者が不可欠となる。

預言者イエス・キリストは、アダムに光の王国の記憶を蘇させることに成功する。しかし、イヴは性欲に負けカインとアベルを生んでしまう。こうして繁殖する人類が誕生した。救済は、光の要素を解放させ、光の王国に帰還させることである。そのために善行を重ねねばならない。

個人の死後の運命は、禁欲主義をどれだけ遵守したかに応じて、聖職者、一般信徒、異教徒に三分類される。聖職者が、福音の叡智によって自己認識し、戒律を守って魂を浄化した場合（ということは、肉体に捕らわれた人間の魂が不浄になるということを想定している）、オフルマズドが管理を任されている天国（光の王国）に行く。異教徒は、死後ただちに悪魔に捕食され地獄に行って永遠に苦しむ。どちらにも属さない一般教徒は、天国も地獄も行かず、現世の生物の肉体に乗り移って輪廻転生を繰り返す。どの肉体に転生するかは、生前の行いの審判によって決まる。最終的に、善行を積み重ね魂が完全に浄化されれば天国に帰還できる。この後、最後の審判で天国行きと地獄行きが、最終的に決定される。

マニ教は、ギリシア思想、ゾロアスター教、ユダヤ・キリスト教、ヒンドゥー教・仏教から部分的に拝借して創った複雑な物語である。ただ、宇宙と人間の肉体が悪で、魂が解放されて光の国＝プレーローマにいくことを目指す点でグノーシス主義である。輪廻転生はその過程である。

❖新プラトン主義（三〜七世紀頃）

プロティノス（二〇五〜二七〇年頃）は新プラトン主義の創始者とされている。[24] プロティノスは、究極の原因者を「一」（ト・ヘン）と呼んだ。すべてがここから「流出」する。「一」からヌース（知性）が、知性から魂が流出した。この魂は純粋魂で、そこから世界魂と個々の動植物の魂が流出した。世界魂から物理的世界が生じた。われわれの魂は、現世においても、ヌース、さらには「一」と合一できる。これは一種の神秘主義（Mysticism）である。プロティノス以外にもさまざまな人物が三～七世紀頃に活躍した。

プロティノスは、プラトン主義者として、また万物の究極的始原として「一」を想定したが、この「一」は数ではない。何らかの実体でも何らかの性質でも量でもない。知性でも魂でもない。動いているものでもなければ、静止しているものでもない。場所のうちになく、時間のうちにもない。形相（イデア）以前の無相である。

何かわかったようでわからないが、「一」とは何なのか。ここから有（存在）が生み出されるという。神と定義しても、神以上のものであるという。あらゆる外部からの影響のない自足的充足的なものであるともいう。つまり言語では表現できない究極である。始原であるから、ここからあらゆるものが発出する。つまり、「一」は因果関係をずっと遡った始原である。これは釈迦が、それを知ることは無意味であると切り捨てたものである。

この「一」とどうやって自我＝魂が合一するのか？　プロティノスによれば、魂は直観のうちに自分自身を忘れることによって「一」と合一できる。忘我の状態にまで魂をもっていくことによって合一するということである。

また、魂は円運動だという。円の中心から魂が出てきているから、円の中心に魂をもっていけば「一」と合体できるとも述べている。しかしこの中心は「一」ではないともいう（ここは意味不明）。

プロティノスによれば、現世は脱落の結果、魂の追放の結果であるという。この本来あった「場所」に魂が回帰するという考えは、グノーシス主義に類似する。

絶対者と自我の合一を、絶対者＝神を体験するといういわば幻視体験とするならば、新約聖書「使徒行伝」（第二二章）のパウロの回心がすぐに想起される。「旅を続けてダマスコの近くにきた時に、真昼頃、突然、つよい光が天からわたしをめぐり照らした。わたしは地に倒れた。そして、『サウロ、サウロ、なぜ私を迫害するのか』と、呼びかける声を聞いた。これに対してわたしは、『主よ、あなたはどなたですか』と言った。すると、その声が、『私は、あなたが迫害しているナザレびとイエスである』と答えた。わたしと一緒にいた者たちは、その光は見たが、わたしに語りかけたかたの声は聞かなかった」。

これを絶対者との合一と呼ぶには異論もあるかもしれんが、パウロ＝サウロは神＝イエス＝絶対者を体験したのである。これは、神＝絶対者の方からパウロの魂に働きかけ、パウロの魂が神を体験したから、ある意味「受動的合一」である。

❖ エックハルト（一二六〇〜一三二八頃）の神秘主義

中世ドイツ・キリスト教神秘主義というと、まずエックハルト（一二六〇〜一三二八頃）が思いつく。(25) エックハルトにも合一の箇所がある。「魂という神殿について」のなかで、「イエスが語るのを魂が聞きたいと思うならば、魂はみずから沈黙しなければならない。まさにこのようにしてイエスは内へと入り来て語り始めるのである」。

これはパウロの体験と類似している。イエスは魂のうちにはかりしえない知恵をもってみずからを顕わす。この知恵と魂が合一するならば、魂からあらゆる疑い、迷い、闇が完全に取り除かれる。神が自己の魂に入り、神を体験するということである。

他方で、魂が神と合一するとき、自らの内から流れ出て、みずからの最初の源泉へと直接に流れ還るとも言っている。魂が「本来の場所」に帰還するのか？

彼は、また「神は無である」と語っている。この意味がわからない。老荘の道は無であるといったようなものなのか。

「パウロは地面から起き上がって、目を開けたが、何も見えなかった」。一であるものをわたしは見ることはできない。彼は無を見た。それが神だった。神はひとつの無であり、そして神はひとつの何かである。何かであるもの、それはまた何ものでもないものである。

エックハルトは「離脱」という概念で、合一を説く。「わたしがわたし自身を強いて神へと到らせることよりも、わたしが神を強いてわたしに来たらせることの方が何倍もすばらしいことである。その理由は、わたしの側から神へと合一するよりは、神の側からの方がより強くわたしと結びつき、よりいっそうよくわたしと合一することができるからである」。

また離脱するには、神以外の何ものも受け入れる状態にあってはならない。魂を無にするとも言っている。これはどういった状態なのだろうか。無心・忘我ならプロティノスも暗示していたはずだ。

シャーマニズムの概念では、魂の身体からの離脱をエクスタシー（脱魂）という。エクスタシーとは別に、絶対者（あるいは霊的存在）が自我に憑依する場合もある。これはポゼッションという。(26) そもそも、絶対者と合一した自我（霊魂）はどうなるのか？ シャーマンの脱魂と憑依なら、魂は再度シャーマンの正常な身体におさまるだろう。神＝絶対者を現世で認識、もっと具体化すれば「見る」なら、単なる幻視ではないのか？ これなら、「合一」した後も現世で生き続けられる。合一して消滅するなら魂の死であろう。この場合、合一した後現世で生きることはない。絶対者に取り込まれるということでも同じである。これは輪廻転生論で絶対者と合一すれば、輪廻から解放されるという考えに近い。

つまり、神秘主義には、現世で、つまり生存したまま起こる現象と、死後におこるものとで区別しなければならないということである。また、少なくとも釈迦と初期仏教は永遠不滅の絶対者など否定していたから、絶対者との合一は語れない。

❖ オリゲネス（一八五～二五四頃）

ところで、プロティノスは、プラトン主義者だから輪廻転生を唱えたのであろうが、それはどういったものであったのか。

それを検証する前に、究極の原因としての「一」を唱えたキリスト教神学者オリゲネス（一八五～二五四頃）に言及したい。彼は『諸原理について』[27]第一巻六章「終末について」のなかでこう述べる。

「一なる始原から発した多くの種々異なったものは、再び神の善良さによって、キリストへの服従、聖霊との一致によって、始原に似た（同じと訳したほうがわかりやすい――筆者）一なる終極へと導き戻される」。オリゲネスは万物の創造者である神と始原である「一」を区別しているように感じる。

第二巻一章「世について」では以下の通りである。

「この世がこれほど多様なものであり、理性的生き物についてもこのように多様であるからには、世が生来した原因をどこに求めたらよいのであろう。すべてがその始原の状態に返還されるはずであるかの終末を考慮するなら、この世の生来の原因をどこに求めたらよいのだろう。（中略）。神は、その知恵の名状しがたい術によって、ありとあらゆる出来事が、何かしら有益なものとなるように変え、導かれる。つまりこれほどの精神の多様性へと分離していったこれらの被造物が、その精神の動きにもかかわらず、一なる世の充満及び完成に仕上げられるよう、また精神の多様性そのものが一なる完成の終末を目指すように、心を一つにして行なわれる協力へと、神はこれらの被造物を導かれる」。

つまり始原は「一」で完成していた。神が万物をつくった。被造物は何かの原因で堕落してしまった。神はこれを救済し「一」に戻す。これが終末であるということであろう。この世の終末は次の世の始原であるとも述べる。宇宙が輪廻しているかのような記述である。同様の記述は、第三巻五章「ある時から、世は始まったこと」のなかにもみられる(28)。

第二巻九章「世、並びに善であれ悪であれ理性的被造物の行動及びその原因について」ではこうある。

「神が望まれるなら以下に説明する通り、審判の日には、善なる者が悪なる者から、義なる者が不義なる者から離され、各自がその功績に応じて、神の裁決によって、ふさわしい場所に配置されるであろうことは疑問のない事実である。しかし、これと同様のことがかつてもなされたと私には思われる。というのは、神は常にすべてをご自分の正しい裁判によってなされ、配置されると考えるべきだからである。使徒パウロが、（中略）、もし人が自分を清めるなら、彼は尊い清められた器となって、主人に役立つものとなり、すべての善いわざに、間に合うようになると言っている。このことは、疑いもなく、現世での生活中、自分を清める者は、来たるべき世では、すべての善のわざに備えられるが、自分を清めなかった者は、その不浄の程度に応じて、来たるべき世では、卑しいことに用いられる器、即ちふさわしくない器になることを言明している」。

この文章、とくに最後の部分は、因果応報にもとづく輪廻転生を言ったものである。さらに、第三巻一章「自由意志について」では以下の通り。

「先行する原因の故に、神はある者を尊い器に、ある者を卑しい器に造られたという我々の説に従えば、神の義を証明することに何の差し障りもない。即ち、以前の原因の故に、この世に尊いものと作られた器は、怠慢な生活を送るなら、その振る舞いの報いとして、次の代では卑しい器とされる可能性がある。同様に、先行する原因の故に、この世で生きるために卑しいものとして創造主から造られたものは、もし自らを矯正し、すべての悪徳と汚れを洗い清めるなら、かの次の代では、尊い聖化された、主人に役立つ、すべての善なるわざに備えられた器とされることも可能である」。

ここも因果応報による輪廻転生を語った部分である。さらに、第三巻六章「世の完成について」のなかで「肉体の復活を信じている我々は、死によって肉体はただ変化させられるのみであると理解している。つまり、その肉体の実体は存続し、自分の創造主の意思によって、一定の時、再び生命を与えられ、再び変容させられるのは確実である。こうして、初めに地から出て土の肉体であったものが、死によって分解されて、再び灰と土となり――おまえは土だから土に還るだろうと言われている――、土から再び復活させられ、その後、その内に宿る魂の功績に応じて、栄光に輝く霊的身体になるのである」。

この「霊的身体」は、最後の審判での肉体の復活を言ったものだが、前半部分、つまり「一定の時、再び生命を与えられ、再び変容させられる」は輪廻転生を示唆していよう。アウグスティヌスと並ぶ教父であったとされるオリゲネスは、五四三年のコンスタンティノープル公会議で異端と断罪された。

❖ プロティノスの『エネアデス』

さて、プロティノスの著作『エネアデス』I-1「生命あるものとは何か、人間とは何か」は、こう語る(29)。

「肉体と魂の結合した全体が生命と呼ばれるものである。魂は肉体を道具として使用する。しかし、われわれは、上位にある不可分の魂と、肉体の領域にある分割可能な魂とから成っている。分割可能な魂は、肉体と共有するもののなかにある感覚（能力）をもち、それが分割可能な魂の第一の影像であり、次に、その感覚能力に魂の種類と称せられるあらゆる能力が次から次へと連なり、最後に生殖能力や生長力に至って終わる。

それに対して、われわれのあの上位の魂は、その本性において、人がおこなったり、こうむったりする劣悪な事柄の責めから解放されている。劣悪な事柄は上位の魂ではなく、魂と肉体が共有するもの（下位の魂）に関連している。魂に獣が加算されている場合と、すでにそれを超えている場合があり、真正な人間は、獣とは別、獣的情念は浄化され、知活動の諸徳を所有している。まことにこれらの徳こそ、肉体から分離している上位の魂のなかに在る」。

プロティノスは、上位の魂と下位の魂に分類し、冥府で罰を受けたり、或る肉体から別の肉体に宿りなおすのは下位の魂と言っているのであろうか。しかし、下位の魂は上位の魂から下降（流出）してきたものと述べる。下位の魂が浄化され上位の魂に戻れば、輪廻転生から解放されるのか。

プロティノスにとって、浄化された魂（これは上位の魂）が、究極の原因としての「一」と合一することが目的であるから、[30]転生は二義的なものなのだろうか。

『エネアデス』I－6「美について」では、「魂は浄化されと、ロゴスとなって全く肉体のないもの、知性的なもの、神のようなものになる」と述べている。

プロティノスの「一」をキリスト教の神と読み替えれば、キリスト教神秘主義となる。古代の有名な神学者アウグスティヌス（三五四～四三〇）や中世のエックハルトに大きな影響を与えたのもうなずける。[31]

しかし「魂の諸問題について第一篇」（『エネアデス』Ⅳ－3）ではこう語る。

「個別的な魂は、宇宙の魂の支配のもとに既に存在している肉体を籤で割り当てられた。（中略）。魂の物体への入り込みは二通りの途がある。一つは、ある物体（身体）に宿っていて、別の物体（身体）に宿りなおす入り込みである。すなわち、空気からなる物体や火からなる物体から、土からなる物体に宿りなおす入り込みであって、この物体へのはいりこみを転生であるとはいわない。もう一つは、非物体的なものから何らかの物体（身体）へのはいりこみで、これこそ魂にとっては、物体（身体）との最初の交わりでもあるのである」。

これは、まさに転生の有り様を語った部分である。さらに、魂の審判による罰（「有罪の宣告を受けた魂は、たとえ自分では気づかなくても、受けるにふさわしい罰へと導かれる」）や清浄な魂は「神的なるもの」に留まり転生を止めるといった記述はプラトン的（あるいはピュタゴラス的？）であるが、籤引の記述とは矛盾する。[32]

❖その他の新プラトン主義者

プロクロス（四八二〜四八五年）によれば[33]、あるものから発出したものはすべて、実体の面で、その発出の源となっているものに還って行く。すべてのものは、自己の原因から発出して、円環状の動きをしながら、その原因へと還って行く。

魂も同様に説明する。まず、魂は三種類存在する。「神的な魂」、「知性を分有している魂」、そして「ある時は知性へ、別の時は知性を欠いた状態へ変化する魂」である。「神的な魂」から「知性的魂」が発出し、「知性的魂」から「変化する魂」が発出すると理解できる。

そのうえで、この世界に内在するすべての魂は、自らに固有な生命の周期をもち、その出発点に回帰する。すべての部分的な魂（個人の魂）は、限りなく生成の世界に降下し、かつ、生成の世界から存在の世界に上昇する。

これは輪廻転生を言ったものである。生と死を繰り返し運動するのである。最終的には「神的な魂」となり、その不動の原因者（一？）に帰還するという意味なのだろう。

紀元前三世紀から紀元後三世紀にエジプト・アレクサンドリアで複数の著者たちによって書かれ

た文書群『ヘルメス文書』にも、新プラトン主義の特徴が見られる。たとえば「ヘルメース・トリスメギストスの鍵」と題された文書にこうある。(34)

「万物は一つの原因（アルケー）に依っているが、この原因は一にして唯一なる者に依っている。そしてこの原因は、再び原因となるために運動しているが、一（ト・ヘン）は一人静止して運動することがない。

そこで、次の三つのものがある。神にして父なる者＝善、世界（コスモス）、そして人間である。神は世界を包み、世界は人間を包んでいる。（中略）。子よ、嬰児の魂を見るがよい。それがまだ自分自身として本来の自己から分離しておらず、それが有する身体が〈、、、〉まだ十分に嵩《かさ》をもっていない状態においては、どこから見てもこよなく美しい。それは未だ身体の受動によって濁されたことがなく、世界の魂になお完全に依存したままでいるからである。しかし、身体が嵩を増し、魂を身体の塊のうちに引きずり下ろすと、魂は本来の自己から分離し、忘却（レーテ）を生み出し、美にも善にも関与しないものとなる。つまり忘却が悪となる。（中略）

人間の魂は、そのすべてではなく敬虔な魂は、なにがしかダイモーン的であり、なにがしか神的である。このような魂は、身体から解放された後も敬虔への戦いを続け——敬虔への戦いとは神的なものを認識し、決して人を虐げないことである——全体が叡智（ヌース）になる。

これに対して、不敬虔な魂は自己生来の本質に安住し、自分自身によって懲らしめられながら、自分が入れるような地上の身体——とは言っても人間の身体だが——を探し求める。人間の身体と言うのは、他の種類の身体では人間の魂を受け入れることができないし、人間の魂がロゴスなき生き物の身体に陥ることは許されないからである」。

ここでは人間以外への転生は認めないが、まだ完全に浄化されていない魂は輪廻転生を繰り返すと読み取れる。

「ヘルメース・トリスメギストスからタトへ——普遍的叡智について」では以下の通り。

「生命がある所には霊魂もあるように、霊魂のある所には叡智（ヌース）もある。しかしロゴスなき生き物にあっては、霊魂は生命であるが叡智を欠いている。それは叡智が恩恵を施すのは人間の霊魂だけだからである。叡智は、人間の霊魂を善に向かわせる。また、ロゴスなき生き物のために叡智はそれぞれの本能と協力するが、他方人間の本能に対しては対立する。それはどんな霊魂でも身体に入るや、たちどころに苦痛と快楽によって貶められるためである。合成された身体の体液が沸き立つように、苦痛と快楽も同様であって、霊魂はそのなか（身体）に入ると溺れる[35]」。霊魂が身体に束縛されると説かれている。

新プラトン主義は徐々に輪廻転生に言及しなくなっていく。同主義に影響された元ドミニコ会修道士で、後に異端として火刑に書せられたジョルダーノ・ブルーノ（一五四八～一六〇〇年）による『傲れる野獣の追放[36]』は、ローマ神話のユピテルの物語である。

「ケフェウスの追放と知恵の導入」の箇所に「マルスが言いました。あのケフェウスは、かつて王であった時、運が彼に与えた王国を拡大するために悪意をもって武器を操作することができました。しかし今は、彼がいつもの流儀でこの場所で腕を広げて歩きながら天の広い空間を占領するのはよいことではありません。ユピテルは言いました。それならば、彼にレーテの水を飲ませることにしよう。そうすれば、彼は地上と天上の財産を忘却し、足も腕もない動物クジラとして再生することになるだろう」とある。転生話である。

❖ユダヤ神秘主義

中世以降、輪廻転生論は、ユダヤ教神秘主義（カバラ）のなかでも記述された。ショーレムによれば[37]、ユダヤ教神秘主義も、ギリシア神秘主義やキリスト教神秘主義と異なることなく、歴史的現象の一総体である。絶対者との神秘的合一ということである。これが輪廻転生とどう関係するのか。一二七五年頃、スペイン・カスティーリャ地方で一つの書物が著された。セーフェル・ハ＝ゾーハル、『光輝の書』と訳される[38]。これはカバラの歴史のなかで占める位置は絶大であるようだ。『ゾーハル』によれば、隠れた神、神性の最も内なる自己はいかなる規定も属性ももたない。ここは「第一世界」で、何人も隠れた神を隠れている神自身以外は観ることはできない。エン・ソーフ「無限なるもの」である。

「第二世界」はそれより高い「第一世界」に結びついているが、神が認識される世界である。神の神秘的属性とは、エン・ソーフの不可解な本質が、「第二世界」で明らかになる光の世界である。

『ゾーハル』は人間のなかに三つの霊魂を見る。ネフェシュ（生命）、ルーアハ（精神）、ネシャーマー（霊魂そのもの）である。ネフェシュのなかにすでにこの三つが包含されているが、最高位のものはネシャーマーでこれを獲得するのは申し分ない敬虔者だけである。万人に与えられている生得なネフェシュのみが罪を犯す。死後の霊魂の懲罰はネフェシュに限られる。下位から、生命↓精神↓「霊魂そのもの」である。

『ゾーハル』でも、他のカバリスト同様、霊魂の先住を説く。また霊魂の地位や等級は前世の状態に依存する。これは輪廻転生・因果応報のことである。

死後の霊魂は、トーラーの掟を遵守した善人は天国（第二世界?）に行く。この天国は霊魂が先住していた清浄無垢な世界である。だが、罪人の霊魂は裁きの前に引き出され、地獄の「業火の河」で浄化される。浄化されれば、天国に戻れるのか?　しかし、極悪人はそこで焼き滅ぼされてしまう。罪人とは一般人を指すのだろう。

『ゾーハル』は言う。

「魂が浄化され、清らかにこの世から昇っていくと、それらはみな名前を付けられて大切に仕舞われていた神の名簿に書きこまれる。そして魂がまた地上に降りたいと言うと、かれ（神）はふたたびこう言う。この魂はこの身体に入れるとしよう。（中略）だが、昇ってきた彼女が罪にまみれて主の目に悪く見えたら、主は彼女に身体をあてがわず、彼女には身体がなくなる。（中略）彼女が改悛したら、かれは彼女を地獄の道から救い出す。（中略）魂にやましいところがなく、立派な守りの服をまとっているときだけ、あまたの聖なる軍勢はこころよく彼女にくみし、彼女をエデンの園（現世？）に送ってくれる[39]」。

ここでは、善なる魂は天国に行くが、ふたたび地上に舞い戻る機会も与えられている。これは転生のことである。

ショーレムによれば、カバリストは輪廻をすべての霊魂の普遍的な法則とせず、『ゾーハル』においても、特定の場合にのみ、とりわけ生殖活動に反する行為と関連して生じるという。寡婦と亡夫の兄弟との婚姻（レヴィトラ婚）という制度が輪廻の理論で説明される。死者の兄弟がその寡婦と結婚すると、その者は彼女の亡夫の霊魂を彼岸から引き戻し、それを再構成する。かくして死者の霊魂は新たな肉体のなかで新たな精神となる。しかし、レヴィトラ婚は転生とは意味が違うのではないだろうか。

輪廻の思想（ギルグール）は、すでに『バーヒールの書』（一一八〇年頃）に初出する。ここでは前世と来世の因果応報が説かれる。(40) あるカバリストは霊魂が人間以外に転生するといい、ある者は拒否し、ある者は、輪廻が特別な罪に対する罰とした。輪廻転生の論理はカバリストによって種々あったようだ。ある者は、まず天国と地獄に行った後、転生をすると言った。これはプラトンに類似する。

❖ ルーリア学派

カバラの歴史でイアサク・ルーリア（一五三四〜一五七二）とその学派が重要である。それによれば、人間の魂は、課された課題をすべてなし終えない限り輪廻転生を繰り返す。輪廻は前世の報いと前世でなしえなかった課題の遂行を意味する。動物や植物への転生は因果応報である。人間の課題は、人間の精神の原形態を回復することにある。魂はすべてもともとそのような原形態を潜在的にもっている。しかし、その魂のなかにすべての魂が含まれていたアダムの堕罪以来そこなわれ、品位を失っている。魂から火花が四方八方に散らばって、諸事物のなかに沈降した。魂の火花を再び取り集め、その正当な場所に運び上げて、人間の精神的本質を、本来神によって意図されていたとおり純粋なままに再生しなければならない。

つまり輪廻転生はそのための手段ということになる。アダムが全人類の魂を含み、それが今や無限に全人類に配分されているなら、魂の遍歴（輪廻）は、アダムの堕落を追放によって償わねばならない原魂の遍歴に他ならない。個々人の場合は、さらにそれ固有の振る舞いが作り出す新たな追放の無数のきっかけが付け加わる。個人の魂はすべて、それがその精神的回復をなし終えるまで、つまり神の掟（課題）を全うし終えるまで輪廻する。神の掟（課題）を全うした魂は輪廻の法則から解放され、至福の場所に至る。ただ、儀式、贖罪や瞑想のような宗教的行為によって、輪廻の過程が短縮可能となる。また魂は親和性があって、相互に連関し合う魂の家族のようなものをもっている。彼らは互いに助け合いより高い状態へと上昇することを目的とする。

こういったルーリア派の思想は一七世紀以降急速に普及したようである。魂の究極的課題のための輪廻による教育、親和性をもった魂のグループといった思想が、近現代のスピリチュアリズムに影響を与えたことは明白である。

ルーリア派の思想を大衆化したのが東欧ハシディズムといわれる。ハシディズムは、一八世紀初頭、バール・シェム・トブによって始められたユダヤ教神秘種主義の一運動である。これはイディッシュ文学にも反映されている。アンスキー作『ディブーク』がその例である。

アンスキーは、第一次世界大戦中ロシア軍のガリツィア遠征に同行し、その地のユダヤ人社会の破壊を体験した。その地のキリスト教とにも、ロシアの農民にも、コサックの軍人にも激しいユダヤ人憎悪をみた。それが『ディブーク』を書くきっかけとなる。内容は省略するが、本書の関心の魂の死後の世界についてはこう語る。

死者の霊は何らかの形を借りなければならない。悪人の霊は獣、鳥、魚、草木となり、聖者の救済を待つ。あるいは新しく生まれる人の胎内に入って善行を積み自己の魂を清める。あるいは生きている者の身体に憑依霊の形で乗り移り、魂を清める。[41]

ハシディズムによれば、悪の侵入は創造の出来事に帰する。創造の恩恵の火の奔流が最初に創られた原型、つまり「容器」に豊かに注ぎ込まれる。しかしその容器は、それに持ちこたえられず破壊される。奔流は無限の火花として飛散し、殻がそのまわりに生じ、欠如、染み、災いがこの世界に起こった。これが悪の起源である。これが、物資の殻、鉱物、植物、動物のなかに隠された。救いは、この悪を浄化し、鉱物から植物へ、植物から動物へ、動物から人間へ、さらに人間の悪の魂が浄化され、根源（神）に帰還するまで、輪廻する。[42]

❖ボゴミール派とカタリ派

グノーシス主義を基盤とする中世のキリスト教異端にボゴミール派とカタリ派がいるので簡単に

紹介しておく(43)。

ユーリー・ストヤノフ『ヨーロッパ異端の源流――カタリ派とボゴミール派』によれば、ボゴミール派は一〇世紀にブルガリアで成立した異端である。ボゴミールという司祭によって始められた。ボゴミールとは「神に愛されし者」とい意味である。善と悪の二元論であるが、ゾロアスター教とは異なり、この世は悪の産物と捉える。その意味でグノーシス主義である。

はじめ肉体をもたぬ善神のみが存在していた。彼は宇宙を創造し、最上天に神の宮殿を造り、そこは光の国であった。神は天使も創造した。天使たちはおのおの領分を管轄すると共に、神に貢ぎ物を支払っていた。無数の天使とともに、神は、サタナエルという名の自分の補佐役を創造した。しかしサタナエルは自分の地位に満足できず、神に嫉妬した。神に背いて自分の王国をつくることにした。サタナエルは貢ぎ物を軽減することを条件に天使たちを誘惑した。一方、神は反乱が準備されていることを知ると、激しく怒り離反者を罰することにした。神は、離反者から神の光輝きを剥奪し、天上界から追放した。

サタナエルは地上に落下すると、そこに自分の王国をつくることにした。神にその許しを願いでた。神は、七世紀にわたって支配させるが、それと交換に離反して三分の二に減少した天上の天使をもとに戻すため堕天使を返すよう命じた。合意に達すると、サタナエルは世界と人間を創った。

太陽と人間の魂は神から盗んだ。別ヴァージョンでは神から頂戴した。人間の肉体をつくるために、堕天使を粘土の身体に入り込ませ、男（アダム）をつくった。その一部から女（イヴ）をつくった。

人間の魂は神のもとから来たので純粋だが、肉体（物質）という悪に束縛されている。人間はサタナエルの圧制下で苦しんでいた。堕天使は悪魔となり、人間に取り憑き、これによって人間は悪に対峙するようになった。神は、自ら創造した人間の魂が責め苦を受けているのを悲しみ、大天使ミカエル＝イエス・キリストを派遣した。

このキリストは非物質的存在で仮現的に人間として行動した。サタナエルはキリストを磔刑にしたが、三日目に蘇りサタナエルを地獄に放り込んだ。キリストは使命を果たすと天に帰り神と一体となった。しかし、サタナエルは地獄を脱出し、再度地上を支配した。過酷な圧政がまだ始まった。しかし、キリスト再臨の時はやがて来るという。

人間は神に由来する善なる魂と、悪魔（堕天使）に由来する罪に満ちた肉体からなっている。人間の魂は肉体の牢獄に閉じ込められている。ここから抜け出して神のもとに戻ることを求めている。これは、キリスト再臨で成就されるのか、輪廻転生を重ね、魂を浄化することで達成されるのかは不明である。

死んだら肉体から解放されるので、天上世界に戻る可能性も説いたようだが、釈然としない。もともと魂が純粋なら、浄化の必要はないのではないか。人間の魂の一部は「神的」だが、一部は不浄だから、善行を積み浄化させるというのが理にかなっている。あるいは肉体をもったがゆえに魂は不浄となった。だから善行を積めば、純粋な魂は肉体から解放されると解釈されるのか。前述したように悪魔に取り憑かれたから魂のある部分は悪と解釈するのが自然である。

ボゴミール派は『新約聖書』のみ使用し『旧約聖書』を拒否する。教会制度、洗礼・聖体拝領・告解などの儀式も退けた。飲酒・肉食を禁止した。結婚も否定的であったという。また、「完全者」と呼ばれる人と一般信徒の区別があった。「完全者」になるためには禁欲生活を続け、叙階される。「完全者」には聖霊が宿り、悪魔は影響を及ぼせなくなる。死後、肉体の呪縛から解放され、神の王国に赴く。それでは一般信徒の魂はどうなるのだろうか。ストヤノフは、ボゴミール派は輪廻転生を説いたことを示唆している。(44)

カタリ派（純潔たるもの）は、ボゴミール派の影響を受けて一一世紀から西欧に広まった異端である。とくに北イタリアのロンバルディア地方と南フランスのラングドック地方で多くの信者を集めた。以下、原田武『異端カタリ派と転生』から概要を述べてみる。

カタリ派は、ボゴミール派同様、神に属する霊魂と悪魔の所産である肉体という人間観をもつ。救済は禁欲活動に専念することで、霊魂が肉体の呪縛を越えるまで純化され、神の国に帰還することである。しかし、それを達成できるのは「完全者」になった者で、そうでないものは「完全者」になるまで輪廻転生を繰り返す。だから自分のうちに眠る神的霊魂を自覚・認識することが絶対条件となる。死んで肉体が消滅しただけでは神的霊魂は神と合一できないのである。

カタリ派では、サタンに誘惑された堕天使たちが、神の怒りをかい天界から地上に追放される。しかし落下にあたって、天使たちの「霊的分身」は天界に残された。天使の魂（アーム）だけが地上に降り、霊（エスプリ）とその「衣服」は天に残った。

サタンは地上に連れてきた堕天使の魂を、泥でできた身体に入れて人間をつくったという。ならば、この魂には、天使の神的要素と誘惑に負けた堕天使の悪の要素が混合しているはずである。だから、悪の要素を取り除き天界の霊とその衣服と合一することが、人間の救済となる。

さらに魂の封じ込めの際に「忘却」の措置がとられたから、人間は生成の由来を知らない。キリストは、この「忘却」を思い出させるために神から派遣された。最後の審判は、天使の堕落ですでになされた。この世は地獄である。

「完全者」になるためには「救慰礼」という入信儀礼をおこない、按手による天界の霊の注入を受けることが必要であった。そのうえで戒律と節制を守り魂を浄化すれば、輪廻転生の呪縛から解放される。なお、転生は人間だけでなく血液をもつ動物の間でも起こるという。カタリ派は数世紀活動を続けたが、一四世紀に殲滅させられた。

❖ イスラムの輪廻転生論

ヤズィード教は、イラン、イラク、シリア、トルコの少数民族クルド人に数十万の信者をもつ(45)。青木健の解説によれば、イスラム以前のペルシア系宗教（何か不明）で輪廻転生を信じ、カースト制を維持しているという。また、牡牛を生け贄に捧げクジャク姿の天使であるマラク・ターウースを崇拝する。

牡牛とクジャク崇拝はインダス文明の信仰にあったはずだ。他に、レタスを食べず、青い服を着ず、男性は口ひげをはやす。信者はキリスト教徒のように洗礼を受ける。カーストの最上位は、ヒンドゥー教のバラモンに当たるシャイフと呼ばれる聖職者である。最初の預言者はアブラハムで最後はムハンマドというのはイスラムから取り入れたものだろう。ギリシアの哲学者たちも預言者になっている。しかし、預言者よりも、地・水・火・風の四大元素、とくに火が重要で、それは太陽崇拝と結びつく。火の崇拝は明らかにペルシア系である。

ヤズィード教徒の祭りでは、復活祭のように卵に色を塗るという。かつて世界は液体で、それが調理された卵のような固体となり、その無色の固体の上にマラク・ターウースがクジャクの羽を置き、そこにできた緑と青の影が森と海になったという創造神話をもつ。

輪廻転生を信じ、人間以外、動物（植物？）にも転生するらしいが、詳しい教義は、今なお不明である。イスラム・シーア派の分派で輪廻転生を信じるアラウィー派に類似するという。

アラウィー派はシリア沿岸部でコミュニティを形成しており、ラクダやウサギを食べない、自分と違う異性の動物の肉を食べない、キリスト教徒のように聖別されたワインを飲む礼拝をおこなうという。アラウィー派の転生は動物・植物にも及ぶ。ヤズィード教徒同様、火を崇拝するからペルシア系であろう。

アラウィー派同様、輪廻転生を信じるイスラムの分派がドゥルーズ派である。青木健の解説によれば、まず、アリー・イブン・アビー・ターリブ（六六一年暗殺）を正統カリフとするのがシーア派である。次に、グノーシス主義、新プラトン主義、ピュタゴラス主義を導入して、八世紀にシーア派の多数派から分離したイスマーイール派となった。最後に、ファーティマ朝六代カリフ、ハーキム・ビアムリッラー（一〇二一年失踪）を神として崇拝するという教義がつけ加わって、一一世紀にイスマーイール派から独立してドゥルーズ派となった。

これだと、イスラム系の輪廻転生論の内容が、ある程度見えてくる。要するにシーア派の一派が、ギリシア哲学と習合したのがイスラムの輪廻転生論である。ピュタゴラス、プラトン、グノーシス主義などが輪廻転生を唱えたことは先に見たとおりである。

イスラム圏にはギリシア思想が導入され研究されていたことは衆知であるから、イスラムに輪廻転生を唱える宗派があってもおかしくはない。とくに、グノーシス主義の影響が強いといわれるイスラムの輪廻転生論は、グノーシス主義的シーア派の現象とする研究者もいる。その代表が、初期シーア派のイマームを神格化した分派グラート（Gulat）派、アラウィー派、ドゥルーズ派である。肉体は衣服で、死ぬとそれを脱ぎ捨て、新しい衣服＝肉体を着るという考えは、肉体を悪いものとするグノーシス主義である。

ドゥルーズ派信者は、現在約一〇〇万人、アラウィー派とは異なって植物に転生することは認めない。また、ドゥルーズ派は自らのコミュニティ内で生まれ変わると信じている。目的は魂の浄化である。それによって神と一体化する。転生が終了するのは最後の審判の時であるようだ。ただ、宗派内で見解が統一されているわけではない。

❖小括

欧米の研究者は、西洋の輪廻転生論は、東洋に比べ因果応報を強調せず、現世における教育（課題の遂行）を特徴とするというが[46]、その起源は先に見たように、一六世紀ユダヤ神秘主義のルーリア派である。それ以前は、東洋同様、輪廻転生を苦と捉え、そこからの解放（解脱）を試みるものであった。しかも東西とも「解脱」は魂の浄化（方法が善行にせよ苦行にせよ）によって果たされるという点は同じである。

現世における教育による魂の進化のための輪廻転生という考えは、次章で言及する神智学と人智学に受け継がれた。これはダーウィンの進化論の影響もあったように思える。ちなみに、ルーリア派起源の魂の成長・進化のための輪廻転生という概念が、次章で紹介する退行睡眠による前世療法の事例と酷似しているのが不可解である。

注

（1）西洋における輪廻転生論の歴史は例えば以下をみよ。Helmut Zander, *Geschichte der Seelenwanderung in Europa. Alternative religiöse Tradition von der Antike bis heute*. Darmstadt, 1999; Norbert Bischofberger, „Der Reinkarnationsgedanke in der europäischen Antike und Neuzeit", in: Perry Schmidt-Leukel (Hrsg.), *Die Idee der Reinkarnation in Ost und West*. München, 1996, pp. 76ff.; Helmut Obst, *Reinkarnation. Weltgeschichte einer Idee*. München, 2009.

（2）ヘロドトス『歴史』巻二、123、岩波文庫、上、松平千秋訳、一九七一年、二七六頁以下、四九二頁。

（3）ヴェロニカ・イオンズ『エジプト神話』酒井傳六訳、青土社、一九九一年、二六四頁以下。村治笙子・片岸直美＝文、仁田三夫＝写真『図説 エジプト「死者の書」』河出書房新社、二〇〇二年。
（4）ステファン・ロッシーニ、リュト・シュマン・アンテルム『図説 エジプトの神々事典』矢島文夫・吉田晴美訳、河出書房新社、一九九七年、一八頁、一〇一頁、一三四頁、一三九頁、一八三頁。
（5）以下、ミルチア・エリアーデ『世界宗教史』三、島田裕巳訳、二〇〇〇年、二四四頁以下。レナン・ソレル『オルフェウス教』脇本由佳訳、白水社、二〇〇三年。
（6）左近司祥子『謎の哲学者ピュタゴラス』講談社選書メチエ、二〇〇三年、四一頁以下。
（7）ポルピュリオス『ピタゴラス伝／マルケラへの手紙／ガウロス宛書簡』山田道夫訳、京都大学出版会、二〇二一、九頁以下。
（8）OSHO『永久の哲学――ピュタゴラスの黄金詩』I、市民出版社、二〇〇四年、八頁以下。II、二〇〇六年、二一九頁以下。
（9）左近司『謎の哲学者ピュタゴラス』七三頁以下。
（10）ポルピュリオス『ピタゴラス伝／マルケラへの手紙／ガウロス宛書簡』三六頁、六二頁。B・チェントローネ『ピュタゴラス派』斎藤憲訳、岩波書店、二〇〇〇年、六五頁以下。
（11）鈴木幹也『エンペドクレス研究』創文社、一九八五年、五七頁、三四二頁等。左近司『謎の哲学者ピュタゴラス』三七頁以下。
（12）プラトン『パイドン』岩田靖夫訳、岩波文庫、一九九八年、一六二頁以下。プラトン『国家』下、藤沢令夫訳、岩波文庫、一九七九年、三九七頁以下。プラトン『パイドロス』岩波文庫、藤沢令夫訳、二〇一〇年、六七頁以下。『ティマイオス』プラトン全集一二、種山恭子訳、岩波書店、一九七五年、五九頁。

(13)『キケロー選集』八「国家について」岡道男訳、岩波書店、一九九九年、一五八頁以下。スチュアート・ペローン『ローマ神話』中島健訳、一九九三年、一六四頁以下。山下太郎『ラテン語を読む　キケロー「スキーピオーの夢」』ベレ出版、二〇一七年、三三二頁以下。
(14)『アリストテレス全集』七「魂について」中畑正志訳、岩波書店、二〇一四年、一二頁以下。
(15)アリストテレス『形而上学』下、出隆訳、岩波文庫、一九六一年、一五四頁。高橋巌『神秘学入門』筑摩書房、二〇〇〇年、三二頁以下。
(16)日本聖書学研究所『聖書外典偽典』一「旧約外典Ⅰ」教文館、一九七五年、四頁以下。荒井献編『新約聖書外典』講談社文芸文庫、一九九七年、一一頁以下。
(17)『聖書外典偽典』二「旧約外典Ⅱ」一九七七年、三七頁。
(18)『聖書外典偽典』三「旧約偽典Ⅰ」二〇一二年、一三四頁。
(19)関根正雄編『旧約聖書外典』下、講談社文芸文庫、一九九九年、一五九〜二〇一頁。
(20)筒井賢治『グノーシス——古代キリスト教の〈異端思想〉』講談社選書メチエ、二〇〇四年、二二頁以下。
(21)荒井献・大貫隆・小林稔・筒井賢治編訳『新約聖書外典　ナグ・ハマディ文書抄』岩波文庫、二〇二二年、一〇九頁。
(22)荒井・大貫・小林・筒井編訳『新約聖書外典　ナグ・ハマディ文書抄』一八八頁以下。
(23)青木健『マニ教』講談社選書メチエ、二〇一〇年。
(24)水地宗明・山口義久・堀江聡編『新プラトン主義を学ぶ人のために』世界思想社、二〇一四年、三頁以下。田中美知太郎責任編集『プロティノス・ポルピュリオス・プロクロス』世界の名著一五、中央公論社、一九八〇年、一二二頁以下。

(25)『エックハルト説教集』田島照久編訳、岩波文庫、一九九〇年、一九頁以下。
(26) 菊池章大『エクスタシーの神学――キリスト教神秘主義の扉をひらく』ちくま新書、二〇一四年、一〇頁。I・M・ルイス『エクスタシーの人類学――憑依とシャーマニズム』平沼孝之訳、法政大学出版局、一九八五年、一九頁。ミルチア・エリアーデ『シャーマニズム――古代的エクスタシー技術』上、堀一郎訳、ちくま学芸文庫、二〇〇四年、三一頁以下。
(27) オリゲネス『諸原理について』小高毅訳、創文社、一九七八年。以下も参照。小高毅『オリゲネス』清水書院、二〇一六年。
(28) オリゲネス『諸原理について』二六一頁。
(29)『プロティノス全集』一、田中美知太郎監修、水地宗明・田之頭安彦訳、中央公論社、一九八六年、一六〇頁以下、一七〇頁以下。
(30) 水地・山口・堀江編『新プラトン主義を学ぶ人のために』一二頁、七二頁。
(31) 田中責任編集『プロティノス・ポルピュリオス・プロクロス』二四七頁、二六三頁。『プロティノス全集』一、二九一頁。『エックハルト説教集』。
(32)『プロティノス全集』三、田中美知太郎監修、水地宗明・田之頭安彦訳、一九八七年、五一頁、六一頁以下、一〇〇頁以下。
(33) 田中責任編集『プロティノス・ポルピュリオス・プロクロス』四七三頁以下、五六九頁以下。
(34)『ヘルメス文書』荒井献・柴田有訳、朝日出版社、一九八〇年、二三六頁以下。
(35)『ヘルメス文書』荒井・柴田訳、二九八頁以下。
(36) ジョルダーノ・ブルーノ『傲れる野獣の追放』加藤守道訳、東信堂、二〇一三年。

(37) ゲルショム・ショーレム『ユダヤ神秘主義——その潮流』山下肇他訳、法政大学出版局、一九八五年。以下の叙述参照、一四頁、二〇五頁以下、二七三頁以下、三一七頁以下、三六九頁以下。

(38) エルンスト・ミュラー編訳『ゾーハル——カバラーの聖典』石丸昭二訳、法政大学出版局、二〇一二年、四九頁以下、一五八頁以下、二一一頁以下、二二五〜二二六頁、四二八頁。

(39) ミュラー編訳『ゾーハル』一六六〜一六七頁。

(40) Gershom Scholem, Seelenwanderung und Sympathie der Seelen in der jüdischen Mystik, in: Olga Fröbe-Kapteyn ed., *Der Mensch und Sympathie aller Dinge*=*Eranos Jahrbuch 1955*, vol. 24, Zürich, 1956, pp. 61, 71, 82.

(41) 市川裕「生と死をつなぐ想像力——東欧ハシディズムの救済信仰」細田あやこ・渡辺和子編『異界の交錯』上、リトン、二〇〇六年、一九九頁以降。

(42) マルティン・ブーバー『ハシディズム』平石善司訳、みすず書房、一九九七年、一九頁、九三頁。

(43) 以下の叙述。ユーリー・ストヤノフ『ヨーロッパ異端の源流——カタリ派とボゴミール派』三浦清美訳、平凡社、二〇〇一年、二一〇頁。原田武『異端カタリ派と転生』人文書院、一九九一年。ディミータル・アンゲロフ『異端の宗派ボゴミール』寺島賢治訳、恒文社、一九八九年、八六頁以下。渡邉昌美『異端カタリ派の研究——中世南フランスの歴史と信仰』岩波書店、一九八九年。

(44) ストヤノフ『ヨーロッパ異端の源流』三四五、三五〇頁。

(45) 以下の叙述。ジェラード・ラッセル『失われた宗教を生きる人びと』臼井美子訳、亜紀書房、二〇一七年、八〇頁以下、一九二頁以下。Reiner Freitag, *Seelenwanderung in der islamischen Höresie*. Berlin, 1985, pp. 3, 9ff., 56ff., 134ff., 153ff.

（46）輪廻転生を唱えたのは、一八世紀ドイツのプロテスタント敬虔主義聖職者のなかにもいたが、ここでは省略する。以下参照。Obst, *Reinkarnation*, pp. 111ff.; Zander, *Geschichte der Seelenwanderung in Europa*, pp. 65f., 622ff.; Perry Schmidt-Leukel, „Reinkarnation und spiritueller Fortschritt im traditionellen Buddhismus“, in: Schmidt-Leukel (Hrsg.), *Die Idee der Reinkarnation in Ost und West*, p.29. キリスト教神学者からの輪廻転生論の否定は例えば以下。Werner Thiede, „Warum ich nicht an Reinkarnation glaube“, in: *Evangelische Zentralstelle für Weltanschauungen*, 136, 1997, pp. 1ff. 他方、一九九六年の調査で、当時のドイツ人の二〇%〜二五%が積極的に、五〇%がある程度輪廻転生を信じているという文献もある（Walter Sparn, „Die Reinkarnationslehre: eine religiöse und kulturelle Gerausforderung an das Christentum“, in: *Arbeitahilfe für evangelischen Religionsunterricht an Gymnasien*. Gelbe Folge, 1997, p. 3）。神学者や宗教学者が輪廻転生論にかなり興味をもっていることは、たとえば、文献検索サイト Index Theologigcus をみよ。

V——近現代欧米の心霊主義の転生論

❖臨死体験

立花隆が『臨死体験』という本を書いている。[1] 臨死体験とは、事故や病気などで死の淵を彷徨った人が意識を快復して語る体験で、体外離脱（幽体離脱）したとか、死後の世界を垣間見たといったものである。これは現実の体験という意見と脳内現象が起こす幻覚に過ぎないといった意見に分かれていて、科学的には決着はついていない。決着することもないだろう。いずれも立証も反証も不可能だからである。

臨死体験や幽体離脱研究はアメリカではすでに多くおこなわれている。その辺の事情はさすがアメリカだと思うが、それはさておき、臨死体験の場合、死後の世界の前で戻ってくるわけだから、死後の世界を垣間見た程度である。

この研究に先鞭をつけたムーディーによれば、[2] 以下の要素が語られる。①医師による死亡宣告を聞く。②耳障りな音が聞こえる。③長い暗いトンネルを通り抜ける。④体外離脱。⑤他者に会う。⑥光との出会い。⑦生涯を一瞬で回顧する。⑧現世とあの世の境界線に近づく。⑨喜びに包まれ、戻りたくない気持ち。⑩生還する。

各人によってすべての要素が入っているわけではない。他の研究ともあわせて考えると、最も多いのは、暗いトンネル、体外離脱、光との遭遇である。論理的に考えると③と④は順序が逆のように思われる。体外離脱してからトンネルに入るのではないのか。

またこれらは、欧米人の体験で、立花の本を読むと文化によってかなりの変更がある。日本では、体外離脱、トンネル、川、花畑が多い。川は三途の川である。ムーディーの⑧の境界線と同じようにも思える。花畑＝光とも解釈できる。死者の国のイメージは、ムーディーの⑨によれば、喜びに包まれ、戻りたくないという気持ちになって明るい幸福な世界である。日本の花畑もそうであろう。つまり暗いトンネルを抜けると明るい幸福な場所に行くという筋書きである。ここでは、死者の国は天国・極楽浄土のように描かれる。

これが、インドの事例になると、たとえば、三日三晩昏睡状態が続き意識を取り戻した十歳の男性は、「二人の男がやってきて、どんどん歩かせた。椅子に座った恐ろしい顔の男の前に連れて行かれた。ヤムラージュだった。ヤムラージュは、僕をつれてきたことに怒って、俺が連れてこいといったのは別の者だ。男たちは僕を連れて帰った」。ヤムラージュとは閻魔大王である。インドのバージョンは閻魔大王のもとに引き出され、死ぬのは別人だと判明して生還するものが多い。

この話の原型はインドの民間伝承にあるらしい。インドの場合、体外離脱、光の存在はほとんどない。死者の国のイメージは明るくも暗くもない。やはり、文化的伝承がすり込みされた脳の幻覚なのだろうと解釈するのが学問的なのか。あるいは調査事例が少ないからか。ちなみに、トンネルのような穴の向こうに光があって、そこが天国という絵画は、一六・一七世紀ヨーロッパでは好んで描かれた(3)。

❖スウェーデンボルグ

一八世紀のスウェーデンの天才といわれたスウェーデンボルグによれば(4)、人間は肉体の内部に「霊的肉体」をもっている。霊的肉体が肉体から離脱するのが死である。霊的肉体は死後の世界で生きている。霊的肉体もあらゆる感覚・願望などをもっている。霊的肉体とは、俗に言う霊魂である。

死後の世界は現世の映し鏡のようであるが、すべてが霊的なもので時間も空間も固定していない。死後三日して霊界に入る。霊界は天界と地界からなりそれぞれ三層になっている。天界と地界の間に中間層があって、多くのひとはそこに入る。ここから天界か地界に行くが、それは審判によるものではない。善人は天界へ、悪人は地界へ向かうが、それは自由意志による。

天界は至福の世界だが社会があり職業もある。地界は悪に満ちた社会がある。天界と地界の間に中間世界があり、これら三つの世界はすべて状態である。たえず流入と流出がある。霊的肉体は不滅である。輪廻転生して現世に戻ることはない（はっきり言っているわけではない）。永遠に霊界で生きるという。ここでは、宇宙樹、あの世は現世の映し鏡という神話に似た世界像が描かれている。

哲学者カントは、スウェーデンボルグの話を空想の産物として退けた。ただ、カント自身は唯物論者であったわけではなく、霊的存在や霊界を全く否定しているわけはない。それは理性（思考）では捉えることは出来ないから無意味と断じている。(5)

臨死体験を数多く集めたキューブラー・ロスも、体外離脱する何かを「霊的身体」（実体のある霊魂）と呼んでいる。(6) 霊的身体が、死にかけた自分の身体を眺めている光景が多々あるという。ただ、彼女はスウェーデンボルグとは逆に輪廻転生を認める。

❖神智学

神智 Theosophy とは「神を知る」「神を認識する」という意味で古代から使われていた用語である。広い意味では、神秘主義はすべて神智学である。

ショーレムは、この概念を近代の疑似宗教を表すのに使用される以前の、言葉の古き良き用法の

意味で理解するとし、キリスト教神秘主義者のヤーコプ・ベーメとウィリアム・ブレイクを神智学者と呼んでいる。(7)

ショーレムによって、ここで疑似宗教とされているのは、一八七五年にブラヴァツキー（主著Die Geheimlehre）らによって創設された「神智学協会」の思想とその派生のことである。

ここでは、一九一五年初版のアーヴィング・S・クーパーの本から大枠を見てみよう。(8) 彼は、神智学の源流として、ピュタゴラス主義、新プラトン主義、錬金術、バラ十字会、フリーメーソン、科学を挙げる。科学が挙げられているのは、理論的で実証的と言いたいようである。また、人間進化を全うしたが、人類の成長を助けるために人間界に留まっている「大師」と呼ばれる人たちの存在を語る。大乗仏教の菩薩ごときである。

非物質的領域は大きく分けて、アストラル界（感情界）とメンタル界（天国界）から成る。また、人間は、肉体の他に、オーラ、エーテル複体、感情体、メンタル体、魂（コーザル体）を有している。死後、それらは肉体から抜け出しエーテル質量に取り囲まれる。しばらくすると、エーテル質量は徐々に消滅していき、感情界（アストラル界）に気づく。やがて、感情体を脱ぎ捨て、天国界に至る。

天国界は低位から高次まで多層である。低位天国界での滞在期間は、到達した進化段階や地上界での経験の量によって決定される。上位に行けば、メンタル体（精神体）は剥がれ落ち、成熟した魂の真なる自己に至る。

しかし、未進化の魂は、この高尚な状態を一瞬体験するに過ぎず、再度低位に降りていき、ついには、魂が前世（複数）において関係を築いていた両親によって提供される肉体に生まれ変わる。

地上世界で過ごす人生は、魂の人生のほんの一日に過ぎない。地上界は魂の進化の学校である。若い魂は、人生の幼稚園の教育に赴き、霊的に発達した魂は、地上界という学校から卒業の時を迎える。地上界は、その過去生の経験によって魂を進化させる学校である。進歩すれば、前世で使用した肉体より幾分ましな肉体に戻ってくる。逆もある（因果応報？）。転生は永遠には続くわけではない。すべての授業が終わり、完璧な段階に達すると卒業する。そしてより偉大な義務を果たすべく仕事に就く。

運命とは教育計画であって、厳しい授業もあるが、それは驚くほど有効である。私たちは、不死の魂として自らの運命の創作者である（これはプラトンに類似）。因果応報は自分が計画した人生の結果である。前世で撒いた種を後世で刈り取るのである。宇宙は進化している。神とは絶対的宇宙生命、宇宙意識である。進歩は無限である。

以上列挙してみたが、マニ教にも劣らない「人工的想像物語」と感じるのは私だけだろうか。

❖ 人智学

もう一つみてみる。神智学協会と袂を分かったルドルフ・シュタイナー（一八六一〜一九二五）である。彼は、自分の思想を人智学 Anthroposophie と呼んだ(9)。

彼は、人間を肉体、魂、霊の三要素から成ると考える。肉体は生殖能力を始めとする物理的存在で、その点で動植物と同じである。魂は感覚、知覚、感情などの内的領域である。さらに高次の霊の領域に属している。

より細かく言えば、以下の七つの領域に、人間は属している。一、肉体、二、エーテル体もしくは生命体、三、感覚する魂体、四、悟性体、五、霊に充たされた意識魂、六、生命霊、七、霊人。一から三までが物質界、四と五が魂界、六と七が霊界に属する。人間の霊は、死後あらたに転生するまでの途上で、魂界を遍歴した後、霊界に入り、新しい肉体を受けるための機が熟すまで、そこに留まっている。霊界滞在の意味を理解するには、輪廻転生の意味が正しく理解されねばならない。

人間は肉体をもつことによってのみ、物質界に働きかけることができ、肉体を道具として使用する。物質生活をおくる霊は、肉体を基礎として、地上の物質界と互いに作用し会う。輪廻転生を重ねつつ、物質界に働きかけをおこなうことが人間の霊の使命である。

地上の活動の目標と意図は、霊たちの国で設計される。人間の霊は死ぬたびごとに、繰り返して霊界に住み、再びこの世で生きるための準備をする。地上世界は創造の場であると同時に学習の場である。霊界ではこの学習の変化が霊の活発な能力に変化させられる。このようにして霊が成熟していく。ある人生が前世より不完全になる場合があるが、転生を続けていくうちに調整される。

霊界は七領域から成っている。霊界の第一領域では、人間は事物の霊的原像にとりかこまれている。この領域で人間は思考内容のなかを遍歴する。霊界のこの最下位の領域内で成果として実るものは、地上生活の日常的状況である。第二の領域は、地上での共通の生命が思考存在として、いわば霊界の液体成分として流れている場所である。人間は第一の領域では生前身近な縁を結んでいた魂たちと一緒にいるが、第二の領域では、同じ崇拝対象、同じ信条等によって結ばれていると感じる魂たちの領域に入る。ただ、霊界の諸領域は仕切られているわけでなく、相互浸透している。霊界の第三領域は、魂界に存在する一切が、生きた思考存在として現われる。以上の三領域は、霊界の下の魂界・物質界に対し特定の関係をもっている。なぜなら、この二つの世界で身体と魂の原像である生きた思考存在が在るからである。

純粋の霊界は第四領域から始まる。霊界の霊としての本来の人間の姿＝真我は、第五領域にまで上昇した時に現われる。第六領域は、すべての行為を宇宙の真実性にしたがった仕方で遂行する。第七領域で、人間はさらに一層高次の世界から、宇宙使命のため移植された「生命核」たちに向き合う。同時に自分自身の「生命核」（神と呼ばないのが人智学）を認識する。ここで輪廻転生から解放される。

シュタイナーの文章は意味不明な点が多い。たとえば、地上の生活の目標は霊界で設計されるという一方、前世の原因が来世に影響するいわゆるカルマの法則（因果応報）を主張する。矛盾しているようだが、ともかく、シュタイナーにとっても輪廻転生による魂の成熟が述べられ。霊界の第七領域まで上昇すれば輪廻の苦しみから解放されるということなのだろう（生命霊と霊人が霊界のどの領域に入るのかも不明）。

❖ 退行催眠

退行催眠は、患者に催眠をかけて過去の記憶を引き出し、現在の病気の原因の元を突き止めようとするものであるが、大部分の精神科医は、この療法を信じていない。日本はもちろん欧米の学界でもまだ認知されていないようである。

退行睡眠は、おそらくフロイトの精神分析からきていると思われるが、フロイトは幼児期の体験が後に与える影響を述べた。退行催眠を現在から過去に遡っていけば、生前の記憶、つまり過去生の記憶にまで到るというのが前世療法 past life regression therapy である。

ブライアン・L・ワイスの著作『前世療法』(10)を批判的に考察してみよう。ワイスはユダヤ系アメリカの精神科医で催眠療法を使っていくなかで、前世の存在を知るようになった。

まずキャサリンという神経症の女性の例である。退行催眠は、過去に受けた何かのショックを探ってそれがわかれば、患者が治るというものであるが、さらに遡って過去生を見たという。キャサリンの最初の体験は、紀元前一八六三年の砂漠。井戸はあるが川はない。彼女の名はアロンダ。まず、ここで、彼女が紀元前一八六三年と本当に言ったのだろうか。そうなら理解に苦しむ。ワイスが、後から調べて推察したとしても変である。続編で、年代の特定は数字が患者に浮かんでくるそうであると記されている。

ワイスが何年か先に進むよう指示すると、石畳の道、料理用の火が見え、自分の髪は金髪、サンダルを履いて自分は二十五歳だという。クレアストラという娘がいる。

場所を中東から地中海としてみよう。紀元前一八六三年前後だと、メソポタミアではシュメル人の時代は終わって、バビロニアなどアフロ・アジア語族が活躍し、地中海ではクレタ文明の時代である。インド・ヨーロッパ語族の南下も始まっているから、中東から地中海にかけて金髪がいても不思議ではない。

アロンダやクレアストラという名はギリシア系のようにも感じる。彼女の村は洪水か津波で全滅し、それで死んだようである。先に川はないといっていたから海沿い、しかも地中海なら地震があって津波がおきても不思議ではない。

キャサリンが次に思い出した前世が一七五六年、彼女はスペイン人である。年代は、この時代なら知っていても不思議ではない。五十六歳の黒髪に白髪が混じった老婆という設定である。水が原因で病気であった。これで多くの人が亡くなった。水から来る伝染病は確かに多かった。彼女は売春婦であったと告白した。

次には、ワイス自身が登場する。彼はキャサリンの先生で、本を使って教えている。古代ローマの服（白いトーガ）を来ている。ワイスの名はディオジネス。紀元前一五六八年だという。これは明らかにおかしい。この時代、ローマはなかったはず。ギリシアのポリスもなかった。

二回目の療法で、キャサリンは再びアロンダの時期に戻った。彼女の仕事は死体の処理。死体を布で包みあの世で使う副葬品を入れる。次は紀元前一五三六年。石の車輪のついた荷車に麦わら、庭にオリーブとイチジクの木、人々が神に何か書いている、図書館がある。父の名はペルセウス。前回もそうであるが、現世で近い関係にある人が登場している。ペルセウスは、キャサリンにワイスのところにいくよう勧めた小児科医である。紙や文字という表現から場所はエジプトのようである。

さらに、一四七三年頃のオランダ、キャサリンは金髪の少年ヨハン。死の場面は敵にナイフで殺された。相手はスチュアートという現世の知人。次に登場する前世の母は今の母と同じ。

また、魂のグループというのがあって、そのグループは何回も繰り返し一緒に、同時代、同じ場所に転生して、カルマを果たすということである。グループは次第に大きくなっていくが、核となるグループは同じで、彼らを「ソウルメイト」と呼ぶ。

キャサリンが年代を特定できない場合もあった。彼女は何回も転生した。死ぬと体から抜け出すという臨死体験と同じような事も語った。死後は光に戻っていく。キャサリンが言うには、我々の使命は学ぶことであり、それによって神に近づく。このメッセージは実はキャサリンのものでなく、「マスター」と呼ばれる非常に進化した霊だと、ワイスは気づかされることになる。

このあたりになると、さすがについていけなくなるが、さらにワイスの本を読み続けよう。キャサリンは過去生を思い出しても「中間生」（あの世）のことは覚えていなかった。マスターによれば、キャサリンはすでに八十六回、転生を繰り返している。アジアのどこかで暮らしたこともあった。

中間生（あの世）から、マスターがワイスに、キャサリンを通じてメッセージを送ってきた。そこには他の多くの人もいて意思を通じ合うことができるという。中間生にはさまざまな次元があって、どの次元に行くかは、魂がどれだけ進歩したかによるという。

これは、結局、先にみてきた西洋の輪廻転生論の特徴、つまり「魂の進化のための輪廻転生」を言っているのである。現世は教育の場、魂を磨く場所、完全に魂が浄化しなければ転生を繰り返す。前世のカルマは次の生の負債となる。

マスターによれば、生まれる時も死ぬ時も自己選択らしい。来世の人生設計は、中間生で決めるのだろう。重要なのはこの世でどれだけ学んだかということである。慈悲、希望、愛、信仰、見返りを期待しない行いなどが善業とされる。

霊界から現世に戻らない選択もある。霊界でも学びは継続する。霊界での学びの方が物質界での学びよりずっと早い。学び終わって完成して輪廻転生が終わるというものでもないらしい。霊界は七つの階層から成っている。これを上位に登って通過すれば神に戻る（合体する）。

キャサリンは日本の学者に転生したこともあった。この話を聞きたいが全く書かれていない。

❖ J・L・ホイットンの輪廻転生論

同じく精神科医で、退行催眠から前世を導きだした学者にホイットンがいる。[11] 彼は、ワイスと違って、生と生の間の「中間生」（あの世）に着目し、被験者から中間生を引き出すことを試みた。

ある女性は空の上にいて、母となるべき人物を見ていたと語った。多くは、中間生では空間も時間もない光に溢れた恍惚の状態と表現されている。

ホイットンが被験者から導き出した中間生はこうである。まず、この世を去る。霊魂が肉体から離れトンネルのようなところに吸い込まれていく。この世に未練のある霊魂はこの世に留まろうとする。移行の過程でガイドに出会い中間生に導かれる場合もある。旅路の果てに大勢の見知らぬ人々と合流する。中間生の様相は人によって多様であるが、みなが体験するのは光に包まれた恍惚の状態であり、すべてを理解するということである。永遠のオーバーソウル（大霊）と一体になる。これは内なる自己を直観でとらえると表現されている。

次に、被験者は年老いた賢人たちの前に連れてこられる。この高度な霊たち（裁判官？）によって、今終えたばかりの生が評価され、場合によっては次の転生へのアドヴァイスが与えられる。この際人生の回顧がフラッシュバックする。裁判官はどの体験も魂を成長させてくれるものだと元気つけてくれるらしい。

さらに、次の生を計画する作業に入る。次の人生の計画には裁判官たちの存在が大きい。彼らは、被験者にどんなカルマがあるか、どういった点を学ぶ必要があるか、幅広く助言する。

人生の選択は自己選択権がある。とくにどんな両親のもとに産まれるかの選択が重要だという。グループ転生というのがあって、同じ魂が組となってさまざまな人生で関係を結び成長していく。

このあたりはワイスの研究と合致する。いわゆる「ソウルメイト」である。

また、物質世界にとらわれている魂は、中間生に入った最初のしるしが見えたところで急いで肉体に戻ることもある。一方、中間生にいる間に、さまざまな教科を学問している者もいる。裁判官たちの助言を拒むのも自由である。無計画に生まれ変わるのも自己選択である。そして、次の生に生まれる。この世への帰還を嫌がるものも出てくるが、転生は免れないようだ（ここはワイスと異なる）。高級霊となれば別なのだろう。つまり解脱した人は別ということだ。

中間生（つまりあの世での滞在）の期間は個人差がある。ホイットンの被験者の場合、最短十ヶ月、最長八百年以上、平均で四十年ほどとある。この長さも自己選択である。

ホイットンの文章はシュタイナー等を引用していることからもわかるように、神智学（人智学）の影響があるように思われる。だから、人生は魂の教育・成長の場であることを強調する。

ワイスやホイットマンの前世療法をすべて信じることは危険である。退行睡眠の記憶が被験者の意識的あるいは無意識的創作であったり、誤解であったりする可能性は大きい(12)。

私の知り合いの精神科医は、退行睡眠・前世療法を全く認めず、金もうけのためのインチキと断じていた。

❖イアン・スティーヴンソンの「前世を記憶する子どもたち」

彼も精神科医であるが、退行催眠ではなくフィールド調査（聞き取り調査）という手法をとっている。[13]

まず、前世を記憶する子どもたちの事例は四つの特徴をもつという。①早期に（二～四歳）前世について話し始めること。②後年（通常五～八歳）になって前世について話すのをやめること。③前世で非業の死を高率で遂げていること。④前世での死の様態をしばしば語ることの四点である。

たとえば、ミャンマーでは、第二次世界大戦で戦死した日本兵の生まれ変わりの事例を扱っている。ウ・ティン・セインは胸に母斑を一つもっていた。彼は前世で日本兵だったという。飛行機からの機銃掃射にあい、胸に被弾し死亡した。死亡後、霊魂だけが湖のあたりに留まっていた。後にウ・ティン・セインの父親となる男性が、薪を集めるために湖周辺に荷馬車で来た。日本兵の霊魂はこの男性の自宅までついていき、その妻と子どもとして生まれたという。これは本人が語ったことで、他にも日本的と呼べるような特徴である勤勉さを示した。幼児期に勤勉さ云々をいうのは解せないが、もう一つ、前述のホイットンのいう中間生がない。死亡後、すぐに母親の胎内に入ったということになる。

マウン・ミント・アウンも日本兵だと語った。イギリス軍の捕虜になる前に仲間とともに自決した。おそらく喉を銃剣でかき切ったと語った。首に顕著な母斑があるのはそのためかは不明である。スティーヴンソンは、前世の傷が次の生に母斑という形で出るかにこだわっている（というよりこの書籍はその研究である）。マウン・ミント・アウンも、霊魂として現世に留まっていたが、父親となる男性の自宅についていって生まれたという。これも中間生が欠けている。

もう少し、スティーヴンソンの研究を追ってみよう。参考にするのは『前世を記憶する子どもたち』という書籍である(14)。彼は退行睡眠を否定する。少なくとも成人への退行催眠から出てくる情報には全く懐疑的である。あくまで事例研究でおこなう。しかも子どもである。前世を記憶しているとしたら少なくとも八歳くらいまでである。

世界各地の諸民族に生まれ変わりの考えがある事例を紹介する。約二千件の事例を調査したという。アジアのヒンドゥー教圏、仏教圏、イスラム・シーア派圏、西アフリカ、北米先住民のようにもともと生まれ変わり信仰がある地域でだけでなく、ヨーロッパの事例も多く研究している。

アラスカに住むトリンギッド族の老漁師ヴィクター・ヴィンセントが姪のコーリス・チャトキン・シニア夫人に、自分が死んだらおまえの息子として生まれ変わるつもりだと言った。ヴィクター・ヴィンセントは姪に、鼻柱近くと背中にある手術痕を見せ、この場所にあざが来世ではあるから判別できると言い残し、一九四六年に死亡した。その一年半後、夫人（姪）は男児を出産した。母斑がヴィンセントが生前指摘した場所に付いていた。この息子が一歳一ヶ月になった時、母親に「僕が誰か知っているよね。カーコディだよ」といった。カーコディはヴィンセントの部族名であった。二、三歳になると、ヴィクター・ヴィンセントに関する情報のいくつかを語り、彼の行動特徴も示した。九歳以降は前世について何も覚えていなくなったという。

ジュリアン・ボロックとジェフェニー・ボロック（一卵性双生児）は一九五八年イングランド・ノーサンバーランド州に生まれた。二人は、二歳から四歳までの間に、ジョアンナとジャクリーンという二人の姉の生涯を記憶している発言をいくつかおこなった。一九五七年、ジョアンナとジャクリーンは交通事故で亡くなっていた。父親は生まれ変わりを強く信じていたから、妻が妊娠したとき、死んだ二人が生まれてくるはずだと断言した。実際に双生児が生まれた。また死んだジャクリーンの体にあった傷跡が、生まれたジェニファーの同じ部位に母斑として現われた。

しかし、こういった事例をいくつも読んでみても、それが生まれ変わりと立証する根拠は全くない。これは前世療法も同じである。

『前世を記憶する子どもたち』に限って言えば、事例の多くは前世で非業の死を遂げていること（臨床心理士ウィリストン著の退行催眠の書籍でも、悲劇的な突然死は、数時間後、数日後といった早い現世への生まれ変わりが報告されている）、自分の死に様を覚えていること、近親者や知人のところに生まれ変わる事例も多いことが特徴である。さらに、スティーヴンソンの研究ではカルマの影響がほとんどみられない。

また中間生については、覚えていない場合と覚えている場合がある。覚えている場合には、霊魂が現世の死亡後の状況をみている。つまり現世に留まっているパターンと、異界（あの世）にいた場合がある。あの世には賢人がいたという事例は前世療法のそれと一致する。アラスカやアフリカのある部族では、次に生まれる父母を自己決定したという。

前世での死亡から次の出生まで、事例では平均三年であるが、非業の死の場合はより短い。さらに、『前世を記憶する子どもたち』の「前世」は直近の前世のみである。前世療法によれば、何回もの前世が出てくる。

さきほど、近親者や知人に生まれ変わる事例が多いと書いたが、スティーヴンソンは、前世がアフリカ人であったハンガリー人の事例も紹介しているので例外もある。

ヴァージニア大学でスティーヴンソンの後継者として、千百もの事例を扱ったタッカーの研究もみておこう(15)。

ここには中間生の状況も書かれている。ニューヨークで警官として銃殺されたが、その五年後に自分の娘の息子として生まれ変わった事例がある。死後、天国に行ったこと、神様と話したこと、動物も生まれ変わること、神様の許可で生まれ変わったことなどである。

自動車事故で死んだ男性は、死後、他の霊たちとともに大きな広間に行き、そこで神のような霊から生まれ変わりを告げられたという。

複数の前世を記憶している事例も少ないがある。ある子どもは、ある前世では銃弾で死亡し、別の前世では十代の時に自動車事故で死んだと語った。さらに、その子は中間生も記憶していて、あの世では病気にならないと言った。

また、一部の子どもたちは、前世での葬儀の後、長い間その場に留まっていたことを報告している。これは、しばらくの間この世に霊魂が留まっていたということである。タイのある子どもは、七年留まって、将来の父親となる人物の自宅について行って転生した。「あの世」には行かなかったということである。

中間生の報告として、ある子どもは生まれ変わる決意をした記憶があると語った。その際、他の存在の助言があったという。西洋人の子どもはあの世で、高級霊を神と出会ったと語っている。天国で肉親と会った例もある。スリランカの子どもの場合は、王ないし支配者と対面したと語った。宮殿で遊び、空腹をおぼえると食べ物が出てきたが口にする必要はなかった。王は新しい家族のもとに行きたいかと尋ねてから、そこへ連れていってくれた。インドでは聖者と対面したが、そこの係員が記録を調べて、送り返されたという（これは臨死体験に同じような話がある）。

しかし、中間生、いわゆるバルドの記憶をもっている事例は少ないともいう。これは前世の死から生まれ変わりまでの期間が平均十五ヶ月・十六ヶ月と短い場合である。

スティーヴンソンは、生まれ変わりの媒体を霊魂とはいっていない。サイコフォーレ（心搬体psychophore、ギリシア語で心を運ぶという意味）という言葉を使っている。心搬体に記憶が情報として刻印されているということである。筆者は、仏教の箇所で、これをUSBを使って説明した。

タッカーは、結論で、何度も生まれ変わりを繰り返したところで完璧な人間になることは困難だが、進歩すれば目標に近づけると言い、スティーヴンソンの方法論を受け継いだインドの研究者は、生まれ変わるのは、非業の死の他に「完全に向けての自己改善」が目的という事例を紹介している。(16)これは、心霊主義（スピリチュアリズム）の輪廻転生論の常套文句である。

❖小　括

欧米のスピリチュアリズムは、西洋の古代ギリシア以来の輪廻転生論の流れに位置していることは明らかである。とくに、「ユダヤ神秘主義のルーリア派 → 神智学・人智学 → 前世療法と前世を語る子どもたち」という構図を描くことは可能であろう。

注

（1）立花隆『臨死体験』上・下、文春文庫、二〇〇〇年。
（2）レイモンド・A・ムーディー・Jr.『かいまみた死後の世界』中田善之訳、評論社、一九八九年。ムーディー『続 かいまみた死後の世界』駒谷昭子訳、評論社、一九八九年。
（3）神原正明「光の国へ――描かれたトンネル幻想」細田あやこ・渡辺和子編『異界の交錯』下巻、リトン、二〇〇六年、三八七頁以下。
（4）高橋和夫『スェーデンボルグ――科学から神秘世界へ――』講談社学術文庫、二〇二一年。エマヌエル・スェーデンボルグ『スェーデンボルグの霊界日記』高橋和夫訳編、たま出版、一九九二年。
（5）カント『視霊者の夢』金森誠也訳、講談社学術文庫、二〇一三年。
（6）E・キューブラー・ロス『「死ぬ瞬間」と臨死体験』鈴木晶訳、読売新聞社、一九九七年。
（7）ゲルショム・ショーレム『ユダヤ神秘主義――その潮流』山本肇他訳、法政大学出版会、一九八五年、二七一頁、原注（八三）。
（8）アーヴィング・S・クーパー『神智学入門――古代の叡智を求めて』林葉喜志雄訳、アルテ、二〇一〇年。H・P・ブラヴァツキー『神智学の鍵』田中恵美子訳、竜王文庫、一九八七年。
（9）ルドルフ・シュタイナー『神智学』高橋巌訳、ちくま学芸文庫、二〇〇〇年。
（10）ブライアン・L・ワイス『前世療法』『前世療法②』山川紘矢・山川亜希子訳、ＰＨＰ文庫、一九九六年・一九九七年。ワイス『魂の伴侶――ソウルメイト』山川紘矢・山川亜希子訳、ＰＨＰ、一九九六年。前世療法の信憑性・危険性については以下。Gabriel Andrade, „Is past life regression therapy ethical ?", in:

Journal of Medical Ethics and History of Medicine, 2007.

(11) J・L・ホイットン他著『輪廻転生――驚くべき現代の神話』片桐すみ子訳、人文書院、一九八九年

(12) 石川勇一「研究論文「前世療法」の臨書心理学的検証――その問題点と可能性」（『日本トランスパーソナル心理学／精神医学』五（一）、二〇〇四年）は懐疑的。今西まゆみ「過去生退行睡眠の症例分析と展望」（『催眠と科学』一七（一）、二〇〇二年）と中野日出美『一三七回の前世を持つ少女』（総合法令出版、二〇一一年）は、自らヒプノセラピスト（催眠療法家）としての事例紹介。グレン・ウィリストン、ジュディス・ジョンストン『生きる意味の探求』飯田史彦訳、徳間書店、一九九九年、一四〇頁、二三一頁以下。ちなみに、この本の事例にアトランティス大陸に生きた過去生をもつ人の事例が出てくる。今の時間から言えば、アトランティス大陸は約八百万年前に、現在の南半球（その頃は北半球。つまり地軸が南北逆になっていて、それが一瞬にして逆転してアトランティス大陸は沈んだ）にあって、高度な文明をもっていたという。これは現在の地質学や考古学、人類学の常識に全く反している。八百万年前に南極と北極を結ぶ地軸の逆転があったなどという証拠はないし、最古の人類の出現は約七百万年前とされているからだ。このあたりが、退行睡眠の「胡散臭さ」でもある。

(13) イアン・スティーヴンソン『生まれ変わりの刻印』笠原敏雄訳、春秋社、一九九八年。

(14) イアン・スティーヴンソン『前世を記憶する子どもたち』『前世を記憶する子どもたち 二』笠原敏雄訳、日本教文社、一九九〇年・二〇〇五年。

(15) ジム・B・タッカー『転生した子どもたち――ヴァージニア大学・四〇年の「前世」研究』笠原敏雄訳、日本教文館、二〇〇六年。

(16) サトワント・パスリチャ『生まれ変わりの研究——前世を記憶するインドの人々』笠原俊雄訳、日本教文社、一九九〇年、一九六頁、二六三頁以下。

おわりに

われわれ生命体は必ず死ぬ。これだけは真理である。死の文化を扱う学問は宗教学（宗教史を含む）と呼ばれてきたが、現在では、遺伝学、生命科学、生物学、解剖学、精神医学、心理学、宗教学から終末ケアや「終活」等までも包括する「人間の死を研究する学問」を、総合的に死生学（欧米語のタナトロジーは死学であるが）と呼んでいる。その意味で、本書も死生学書の変種とみなせるかもしれない。

生命体の遺伝情報は、デオキシリボ核酸いわゆるＤＮＡに刻印されている。だからといって、ＤＮＡ自体を霊魂と呼ぶ人はいないだろう。確かに生命体が死んでも、ＤＮＡもすべて死滅するわけではない。考古学者や人類学者は、発掘された骨に付着しているＤＮＡから情報を引き出している。二〇二一年には百万年前のマンモスの遺体からＤＮＡ配列を突き止めた例もあるそうである。

そう考えるとＤＮＡが、スティーヴンソンのいうサイコフォーレ（心搬体）なのではと素人は考えてしまう。ＤＮＡがあの世に行ったり、転生する？　そんな話は科学的には成り立たない。生物が死んでもＤＮＡは身体に残っているからである。ならば、ＤＮＡの情報が何か別の媒体にコピーされて、これがあの世に行ったり、輪廻転生すると考えるしかないのか。昔の哲学や宗教、現在のスピリチュアリストはそれを霊魂と呼んだ。

本書は古今東西の異界、とりわけ転生について、人類はいかに想像してきたかを論じてきた。「異界と転生」を考えることは「死」を考えること、「生命とは何か」、「生きるとはどういうことか」を考えることである。

かりに「異界と転生」が存在するとして、最後にいくつかのイメージを、本書の内容から引き出してみよう。箇条書きにする（矢印は時代の変化を示す）。

①身体とは別物としての霊魂がある（不死→死の誕生）。

②霊魂は、死後の世界（異界）に行く。

③死後の世界はこの世の映し鏡である→現世の行為に応じた多層の異界。

④死後の世界に霊魂が行くのは困難を伴うことがある。

⑤霊魂はこの世に生まれ変わる→輪廻転生論の発達。

⑥転生論で来世に因果応報はない→来世に因果応報に応じて生まれ変わる。

⑦転生の目的は苦からの解放である。

⑧転生の目的は魂の教育である。

⑨ 死後、転生する場合と異界に留まる場合の両方ある。
⑩ 何かの都合（悲惨な死など）で現世に霊魂が留まる場合がある。
⑪ 絶対的存在としての宇宙意思のようなものが存在する。
⑫ 霊魂が浄化され宇宙意思と合一することが最終目的で、もう転生はしない。

以上を強引にまとめるとこうなる。異界は存在し、人間の魂は死後も存在する。輪廻転生はどの文化圏でも知られている。転生からの解放（解脱）が最終目的である。

我々は何を目指しているのだろうか。その最終地点が天国でも解脱でも同じである。生きている人間は死に向かっている。死後生があるとしても、最終地点はわからない。こういった先人の想像力を深く受け止めたい。

参考文献

原典訳

西洋（中東・ヨーロッパ）

アウグスティヌス『神の国』全五巻、服部英次朗・藤木雄三訳、岩波文庫、一九八二〜一九九一年
荒井献編『新約聖書外典』講談社文芸文庫、一九九七年
荒井献・大貫隆・小林稔・筒井賢治編訳『新約聖書外典　ナグ・ハマディ文書抄』岩波文庫、二〇二二年
アリストテレス『形而上学』上・下、出隆訳、岩波文庫、一九五九年・一九六一年
『アリストテレス全集』七「魂について」中畑正志訳、岩波書店、二〇一四年
『英和対照新約聖書』日本聖書刊行会、一九七八年
『エックハルト説教集』田島照久編訳、岩波文庫、一九九〇年
小高毅『オリゲネス』清水書院、一九九二年
オリゲネス『諸原理について』小高毅訳、創文社、一九七八年
カント『視霊者の夢』金森誠也訳、講談社学術文庫、二〇一三年
『キケロー選集』八「国家について」岡道男訳、岩波書店、一九九九年
『旧約聖書』新改訂、日本聖書刊行会、一九七四年

『ギリシア神話』高津春繁訳、岩波書店、一九五三年
『キリスト教神秘主義著作集』一：ギリシア教父の神秘主義、谷隆一郎・熊田陽一郎訳、教文館、一九九二年
『ギルガメシュ叙事詩』矢島文夫訳、筑摩書房、一九九八年
『コーラン』上・中・下、井筒俊彦訳、岩波文庫、一九五七〜一九五八年
『シュメール神話集成』杉勇・尾崎亨訳、筑摩書房、二〇一五年
スェーデンボルグ、エマヌエル『スェーデンボルグの霊界日記』高橋和夫訳編、たま出版、一九九二年
関根正雄編『旧約聖書外典』上・下、講談社文芸文庫、一九九八年・一九九九年
田中美知太郎責任編集『プロティノス・ポルピュリオス・プロクロス』世界の名著一五、中央公論社、一九八〇年
ダンテ『神曲』地獄編・煉獄編・天国編（全三巻）、寿岳文章訳、集英社文庫、二〇〇三年
デカルト『省察』山田弘明訳、ちくま学芸文庫、二〇〇六年
デカルト『方法序説』谷川多佳子訳、岩波文庫、二〇二〇年
デカルト『情念論』谷川多佳子訳、岩波文庫、二〇二二年
日本聖書学研究所編『聖書外典偽典』一「旧約外典Ⅰ」教文館、一九七五年
日本聖書学研究所編『聖書外典偽典』二「旧約外典Ⅱ」教文館、一九九七年
日本聖書学研究所編『聖書外典偽典』三「旧約偽典Ⅰ」教文館、二〇一二年
ブラヴァツキー、H・P『神智学の鍵』田中恵美子訳、竜王文庫、一九八七年
プラトン『ティマイオス』プラトン全集一二、種山恭子訳、岩波書店、一九七五年
プラトン『国家』上・下、藤沢令夫訳、岩波文庫、一九七九年
プラトン『メノン』藤沢令夫訳、岩波文庫、一九九四年

プラトン『パイドン』岩田靖夫訳、岩波文庫、一九九八年
『プロティノス全集』一、田中美知太郎監修、水地宗明・田之頭安彦訳、中央公論社、一九八六年
『プロティノス全集』三、田中美知太郎監修、田中美知太郎・水地宗明・田之頭安彦訳、中央公論社、一九八七年
『パイドロス』藤沢令夫訳、岩波文庫、二〇一一年
ブルーノ、ジョルダーノ『傲れる野獣の追放』加藤守道訳、東信堂、二〇一三年
『ヘルメス文書』荒井献・柴田有訳、朝日出版社、一九八〇年
ヘロドトス『歴史』全三巻、松平千秋訳、岩波文庫、一九七一～一九七二年
ポルピュリオス『ピタゴラス伝／マルケラへの手紙／ガウロス宛書簡』山田道夫訳、京都大学出版会、二〇二一年
ミュラー、エルンスト編訳『ゾーハル――カバラーの聖典』石丸昭二訳、法政大学出版局、二〇一二年
安田登『イナンナの冥界下り』ミシマ社京都オフィス、二〇一五年

東洋（インド・中国・日本）

『アイヌ歌謡集』知里幸恵編訳、岩波文庫一九七八年
『原典完訳 アヴェスター――ゾロアスター教の聖典』野田恵剛訳、国書刊行会、二〇二〇年
『アタルヴァ・ヴェーダ賛歌――古代インドの呪法』辻直四郎訳、岩波文庫、一九七九年
阿部吉雄・山本敏夫著、渡辺雅之編『老子』新版、明治書院、一九九六年
市川安司・遠藤哲夫著、石川泰成編『荘子』明治書院、二〇〇二年
『ヴェーダ・アヴェスター』世界古典文学全集 三、辻直四郎編、筑摩書房、一九六七年
『原典訳 ウパニシャッド』岩本祐編訳、ちくま学芸文庫、二〇一三年

『易経』上・下、高田真治・後藤元巳訳、岩波文庫、一九六九年
『空海コレクション』全四巻、宮坂宥勝監修・福田亮成校訂・訳、ちくま学芸文庫、二〇〇四〜二〇一三年
『華厳経入法界品』上・中・下、梶山雄一・丹治昭義・津田真一・田村智淳・桂紹隆訳注、岩波書店、二〇二一年
『ゲルク派版チベット死者の書』平岡宏一訳、学研M文庫、二〇〇一年
『古事記』倉野憲司校注、岩波文庫、一九六三年
『古事記』中村啓信訳注、角川ソフィア文庫、二〇〇九年
『現代語訳 最澄全集』全四巻、大竹晋訳、図書刊行会、二〇二一年
『詩経』石川忠久著・福本郁子編、明治書院、二〇〇二年
下見隆雄『礼記』明徳出版社、一九七三年
『大日経・金剛頂経』大角修訳・解説、角川ソフィア文庫、二〇一九年
『原典訳 チベット死者の書』川崎信定訳、ちくま学芸文庫、一九九三年
『新訂 チベット死者の書――経典バルドゥ・トェ・ドル』おおえまさのり訳、講談社+α文庫、一九九四年
長尾雅人責任編集『大乗仏教』世界の名著 二、中央公論社、一九六七年
長尾雅人責任編集『バラモン経典・原始仏典』世界の名著 一、中央公論社、一九六九年
中村元『原始仏典』ちくま学芸文庫、二〇一一年
中村元編著『仏教経典散策』角川ソフィア文庫、二〇一八年
『日本書紀』上・下、井上光貞監訳、中公文庫、二〇二〇年
『日本霊異記』上・中・下、中田祝夫全訳注、講談社学芸文庫、一九七八〜一九八〇年
野村茂夫『書経』明徳出版社、一九七四年

『パーリ仏典第一期 中部（マッジマニカーヤ）』全六巻、片山一良訳、大蔵出版、一九九七〜二〇〇二年
『パーリ仏典第二期 長部（ディーガニカーヤ）』全六巻、片山一良訳、大蔵出版、二〇〇三〜二〇〇六年
『バガヴァッド・ギーター』上村勝彦訳、岩波文庫、一九九二年
『般若心経・金剛般若心経』中村元・紀野一義訳注、岩波文庫、一九六〇年
『ブッダのことば――スッタニパータ』中村元訳、岩波書店、一九九一年
『法華経』上・中・下、坂本幸男・岩本裕訳注、岩波文庫、一九七六年
『法華経』大角修訳・解説、角川ソフィア文庫、二〇一八年
『マヌ法典』東洋文庫八四二、渡瀬信之訳注、平凡社、二〇一三年
『孟子』内野熊一郎著・加藤道理編、明治書院、二〇〇二年
湯田豊『ウパニシャッド――翻訳および解説』大東出版社、二〇〇〇年
『リグ・ヴェーダ賛歌』辻直四郎訳、岩波文庫、一九七〇年
『論語』新版、吉田賢抗著・加藤道理編、明治書院、二〇〇二年

文献

アードス、R・オルティス、A『アメリカ先住民の神話伝説』下、青土社、一九九七年
青木健「古代ペルシアにおける「生と死」」松村一男編『生と死の神話』リトン、二〇〇四年
青木健『マニ教』講談社選書メチエ、二〇一〇年
赤松明彦『バガヴァッド・ギーター――書物誕生あたらしい古典入門』岩波書店、二〇〇八年
阿部真也「『婆娑論』における中有」『印度學佛教學研究』六六（二）、二〇一八年

阿部年晴『アフリカの創世神話』紀伊國屋書店、一九八一年
阿部年晴『アフリカ神話との対話』三恵社、二〇一八年
荒井献『原始キリスト教とグノーシス主義』岩波書店、一九七一年
荒井献『新約聖書とグノーシス主義』岩波書店、一九八六年
アルパーズ、アントニー『ニュージーランド神話』井上英明訳、一九九七年
アンゲロフ、ディミータル『異端の宗派ボゴミール』寺島賢治訳、恒文社、一九八九年
イオンズ、ヴェロニカ『エジプト神話』酒井傳六訳、青土社、一九九一年
石川勇一「研究論文「前世療法」の臨書心理学的検証――その問題点と可能性」『日本トランスパーソナル心理学／精神医学』五（一）、二〇〇四年
市川祐「生と死をつなぐ想像力」細田あや子・渡辺和子編『異界の交錯』上、リトン、二〇〇六年。
伊藤聡『神道とは何か――神と仏の日本史』中公新書、二〇一二年
伊藤清司『死者の棲む楽園――古代中国の死生観』角川選書、一九九八年
井上順孝、マイケル・ヴィッツェル、長谷川眞理子、芦名定道『二一世紀の宗教研究――脳科学・進化生物学と宗教学の接点』平凡社、二〇一四年
今西まゆみ「過去生退行睡眠の症例分析と展望」『催眠と科学』一七（一）、二〇〇二年
ヴィテブスキー、ピアーズ『シャーマンの世界』中沢新一監修、岩坂彰訳、創元社、一九九六年
ウィリストン、グレン／ジョンストン、ジュディス『生きる意味の探求』飯田史彦訳、徳間書店、一九九九年
上田真啓『ジャイナ教とは何か――菜食・托鉢・断食の生命観』ブックレット《アジアを学ぼう》四九、風響社、二〇一七年

参考文献

『エッダ――古代北欧歌謡集』谷口幸男訳、新潮社、一九六八年
エリアーデ、ミルチア『世界宗教史』全八巻、ちくま学芸文庫、二〇〇〇年
エリアーデ、ミルチア『シャーマニズム』上・下、堀一郎訳、ちくま学芸文庫、二〇〇四年
大島直行『縄文人はなぜ死者を穴に埋めたのか』国書刊行会、二〇一七年
岡田明子・小林登志子『シュメル神話の世界――粘土板に刻まれた最古のロマン』中公新書、一九九七年
岡田明憲『死後の世界』講談社現代新書、一九九二年
岡村道雄『縄文の生活誌』講談社学術文庫、二〇〇八年
小川直之編『折口信夫死と再生、そして常世・他界』アーツアンドクラフツ、二〇一八年
OSHO『永久の哲学――ピュタゴラスの黄金詩』Ⅰ・Ⅱ、市民出版社、二〇〇四年・二〇〇六年
オズボーン、ハロルド『ペルー・インカの神話』田中梓訳、青土社、一九九二年
小高毅『オリゲネス』清水書院、一九九二年
折口信夫『古代研究』全六冊、角川ソフィア文庫、一九七四〜一九七七年
加地伸行『沈黙の主教――儒』ちくま学芸文庫、二〇一一年
加地伸行『儒教とは何か』増補版、中公新書、二〇一五年
河合俊雄・中沢新一・広井良典・下條信輔・山極寿一『〈こころ〉はどこから来て、どこへ行くのか』岩波書店、二〇一六年
神原正明「光の国へ――描かれたトンネル幻想」細田あやこ・渡辺和子編『異界の交錯』下、リトン、二〇〇六年
菊池章大『エクスタシーの神学――キリスト教神秘主義の扉をひらく』ちくま新書、二〇一四年

菊池達也「イスラム教における死生観と死後の世界」大城道則編『死者はどこにいくのか――死をめぐる人類五〇〇〇年の歴史』河合ブックス、二〇一七年
金両基『韓国神話』青土社、一九九五年
ギラン、トンヌラ・ロート『ゲルマン、ケルトの神話』清水茂訳、みすず書房、一九六〇年
ギラン、フェリックス『ギリシア神話』中島健訳、青土社、一九九一年
ギラン、フェリックス『ロシアの神話』小海栄二訳、青土社、一九九三年
クーパー、アーヴィング・S『神智学入門――古代の叡智を求めて』林葉喜志雄訳、アルテ、二〇一〇年
クネーネ、マジシ『アフリカ創造の神話――女性に捧げるズールーの賛歌』竹内泰宏・くぼたのぞみ訳、人文書院、一九九二年
九野昭『日本人の他界観』吉川弘文館、二〇一七年
グラネ、マルセン『中国人の宗教』栗本一男訳、東洋文庫六六一、平凡社、一九九九年
クリアーノ、ヨハン・P『異界への旅――世界のシャーマニズムから臨死体験まで』桂芳樹訳、工作舎、二〇〇二年
グレイ、ジョン『オリエント神話』森雅子訳、青土社、一九九三年
ゲティングス、フレッド『オカルトの図像学』阿部秀典訳、青土社、一九九四年
河野亮仙「インドの祖霊崇拜/ブータをめぐって」『印度學佛教學研究』三七(二)、一九八九年
コール&サンビー『シク教――教義と歴史』溝上富夫訳、筑摩書房、一九八六年
古東哲明『他界からのまなざし』講談社選書メチエ、二〇〇五年
後藤明『世界神話学入門』講談社現代新書、二〇一七年

小林武彦『DNAの九八%は謎――生命の鍵を握る「非コードDNA」とは何か』講談社ブルーバックス、二〇一七年
小松和彦『異界と日本人』角川ソフィア文庫、二〇一五年
左近司祥子『謎の哲学者ピュタゴラス』講談社選書メチエ、二〇〇三年
佐々木宏幹『シャーマニズムの世界』講談社学術文庫、一九九二年
定方晟『須弥山と極楽――仏教の宇宙観』ちくま学芸文庫、二〇二三年
佐藤正衛『北アジアの文化の力――天と地をむすぶ偉大な世界観のもとで』新評論、二〇〇四年
篠田知和基『世界異界神話』八坂書房、二〇二一年
下田淳『世界文明史』昭和堂、二〇一七年
下田淳「異界のイマジネーション――宗教・神話・シャーマニズム」『宇都宮大学共同教育学部研究紀要』七三、二〇二三年
下田淳「西洋における輪廻転生論の歴史」『宇都宮大学共同教育学部研究紀要』七四、二〇二四年
シュタイナー、ルドルフ『神智学』高橋巌訳、ちくま学芸文庫、二〇〇〇年
ショーレム、ゲルショム『ユダヤ神秘主義――その潮流』山下肇他訳、法政大学出版局、一九八五年
白川千尋「近くて遠い異界」細田あや子・渡辺和子編『異界の交錯』上、リトン、二〇〇六年
シング、N-G・コウル・『シク教』高橋堯英訳、青土社、一九九四年
シンプソン、ジャックリーン『ヨーロッパの神話伝説』橋本槙矩訳、青土社、一九九二年
鈴木大拙『日本的霊性』角川ソフィア文庫、二〇一〇年
鈴木幹也『エンペドクレス研究』創文社、一九八五年

スティーヴンソン、イアン『前世を記憶する子どもたち』笠原敏雄訳、日本教文社、一九九〇年
スティーヴンソン、イアン『生まれ変わりの刻印』笠原敏雄訳、春秋社、一九九八年
スティーヴンソン、イアン『前世を記憶する子どもたち二』笠原敏雄訳、日本教文社、二〇〇五年
ストヤノフ、ユーリー『ヨーロッパ異端の源流――カタリ派とボゴミール派』三浦清美訳、平凡社、二〇〇一年
瀬川拓郎『アイヌと縄文――もうひとつの日本の歴史』ちくま新書、二〇一六年
『祖先崇拝と仏教』智山伝院選書 五、一九九八年
ソレル、レナン『オルフェウス教』脇本由佳訳、白水社、二〇〇三年
高橋巖『神秘学入門』筑摩書房、二〇〇〇年
高橋和夫『スェーデンボルグ――科学から神秘世界へ』講談社学術文庫、二〇二一年
竹倉史人『輪廻転生――〈私〉をつなぐ生まれ変わりの物語』講談社現代新書、二〇一五年
立花隆『臨死体験』上・下、文春文庫、二〇〇〇年
立花隆『生、死、神秘体験』対話編、講談社文庫、二〇〇七年
タッカー、ジム・B『転生した子どもたち――ヴァージニア大学・四〇年の「前世」研究』笠原敏雄訳、日本教文館、二〇〇六年
田中純夫編『死後の世界――インド・中国・日本の冥界信仰』東洋書林、二〇〇〇年
田中仁比古『ケルト死話と中世騎士物語――「他界」への旅と冒険』中公新書、一九九五年
谷口幸男『エッダとサガ――北欧古典への案内』新潮選書、二〇一七年
『中国奇想小説集――古今異界万華鏡』井波律子編訳、平凡社、二〇一八年
『中国昔話集』一、東洋文庫、馬場英子・瀬田充子・千野明日香編訳、平凡社、二〇〇七年

チェントローネ、B『ピュタゴラス派』斎藤憲訳、岩波書店、二〇〇〇年
辻直四郎『ウパニシャッド』講談社学術文庫、一九九〇年
筒井賢治『グノーシス――古代キリスト教の〈異端思想〉』講談社選書メチエ、二〇〇四年
デイヴィッドソン、H・R・エリス・『北欧神話』米原まり子・一井知子訳、青土社、一九九二年
テッツナー、ライナー『ゲルマン神話』上・下、手嶋竹司訳、青土社、一九九八年
トニーノ、マルチェロ・マッスィミーニ・ジュリオ『意識はいつ生まれるのか――脳の謎に挑む統合情報理論』
　花本和子訳、亜紀書房、二〇一五年
長尾光恵「中国浄土教における中有（中陰）の導入」『印度學佛教學研究』七〇（一）、二〇二一年
中沢新一・ラマ・ケツン・サンポ『改稿虹の階梯――チベット密教の瞑想修行』中公文庫、一九九三年
中野日出美『一三七回の前世を持つ少女』総合法令出版、二〇一一年
永橋和雄『チベットのシャーマン探検』河出書房新社、一九九九年
中村元『ブラフマ・スートラの哲学』岩波書店、一九五一年
中村元『シャンカラの思想』岩波書店、一九八九年。
中村元選集〔決定版〕第九巻『ウパニシャッドの思想』春秋社、一九九〇年
中屋敷均『遺伝子とは何か？――現代生命科学の新たな謎』講談社ブルーバックス、二〇二二年
ニコルソン、アイリーン『マヤ・アステカの神話』松田幸雄訳、一九九二年
ニコルソン、R・A『イスラム神秘主義――スーフィズム入門』中村廣治郎訳、平凡社、一九九六年
パーカー、K・ラングロー『アボリジニー神話』松田幸雄訳、青土社、一九九六年
ハーツ、P・R『アメリカ先住民の宗教』西本あづさ訳、青土社、二〇〇三年

バーラント、C『アメリカ・インディアン神話』松田幸雄訳、一九九〇年
羽金和彦「臨死体験——霊魂と死後の世界の起源」『関東医学哲学・倫理学会』報告年不詳
パッチ、ハワード・ロリン『異界——中世ヨーロッパの夢と幻想』黒瀬保他訳、三省堂、一九八三年
パスリチャ、サトワント『生まれ変わりの研究——前世を記憶するインドの人々』笠原俊雄訳、日本教文社、一九九〇年
ハリフォクス、ジョーン『シャーマン——イメージの博物誌』松枝至訳、平凡社、一九九二年
原田武『異端カタリ派と転生』人文書院、一九九一年
パリンダー、ジェフリー『アフリカ神話』松田幸雄訳、青土社、一九九一年
ハルヴァ、ウノ『シャマニズム——アルタイ系諸民族の世界像』田中克彦訳、三省堂、一九七一年
ハルヴァ、ウノ『シャマニズム——アルタイ系諸民族の世界像』全二巻、東洋文庫、田中克彦訳、平凡社、二〇一三年
平田篤胤『霊の真柱』岩波文庫、一九九八年
平田篤胤『仙境異聞勝五郎再生記聞』岩波文庫、二〇〇〇年
平田篤胤『現代語訳仙境異聞』八幡書店、二〇一八年
ブーバー、マルティン『ハシディズム』平石善司訳、みすず書房、一九九七年
福寛美『沖縄本土の信仰に見られる他界観の重層性』DTP出版、二〇〇三年
フラハティ、グローリア『シャーマニズムの想像力——ディドロ、モーツァルト、ゲーテへの衝撃』野村美紀子訳、工作舎、二〇〇五年
フランソワ・グレゴワール『死後の世界』渡辺照宏訳、白水社、一九九二年

ベッカー、カール『死の体験――臨死現象の探求』法蔵館、一九九二年
ペローン、スチュアート『ローマ神話』中島健訳、青土社、一九九三年
ホイットマン、J・L他著『輪廻転生――驚くべき現代の神話』片桐すみ子訳、人文書院、一九八九年
ポイニャント、ロズリン『オセアニア神話』豊田由貴夫訳、青土社、一九九三年
細田あや子・渡辺和子編『異界の交錯』上・下、リトン、二〇〇六年
マッカーナ、プロインシャス『ケルト神話』松田幸雄訳、青土社、一九九一年
松村一男編『生と死の神話』リトン、二〇〇四年
水地宗明・山口義久・堀江聡編『新プラトン主義を学ぶ人のために』世界思想社、二〇一四年
三津間康幸「シリア・キリスト教における梯子物語」細田あや子・渡辺和子編『異界の交錯』上、リトン、二〇〇六年
ムーディー、レイモンド・A・Jr.『かいまみた死後の世界』中田善之訳、評論社、一九八九年
ムーディー、レイモンド・A・Jr.『続 かいまみた死後の世界』駒谷昭子訳、評論社、一九八九年
虫賀幹華「ヒンドゥー教の葬儀・祖先祭祀研究（一）――特定の死者に対する継続的供養儀礼の成立について」『東京大学宗教学年報』二九、二〇一二年
虫賀幹華「古代インドにおける祖先祭祀と女性の関与」『宗教研究』八六（四）、二〇一三年
村治笙子・片岸直美＝文、仁田三夫＝写真『図説エジプト「死者の書」』河出書房新社、二〇〇二年
柳田国男『先祖の話』角川ソフィア文庫、二〇一三年
柳田国男『遠野物語』河出文庫、二〇一四年
山下太郎『ラテン語を読む　キケロー「スキーピオーの夢」』ベレ出版、二〇一七年

山田孝子『アイヌの世界観――「ことば」から読む自然と宇宙』講談社学術文庫、二〇一九年
湯田豊『ブラフマ・スートラ――シャンカラの注釈』上・下、大東出版社、二〇〇六・二〇〇七年
吉田敦彦・古川のり子『日本の神話伝説』青土社、一九九六年
ラッセル、ジェラード『失われた宗教を生きる人びと――中東の秘教を求めて』臼井美子訳、亜紀書房、二〇一七年
ルイス、I・M『エクスタシーの人類学――憑依とシャーマニズム』平沼孝之訳、法政大学出版局、一九八五年
ロス、E・キューブラー『「死ぬ瞬間」と臨死体験』鈴木晶訳、読売新聞社、一九九七年
ロッシーニ、ステファン／アンテルム、リュト・シュマン『図説エジプトの神々事典』矢島文夫・吉田晴美訳、河出書房新社、一九九七年
ワイス、ブライアン・L『魂の伴侶――ソウルメイト』山川紘矢・山川亜希子訳、PHP、一九九六年
ワイス、ブライアン・L『前世療法』全二巻、山川紘矢・山川亜希子訳、PHP文庫、一九九六年・一九九七年
渡辺和子「メソポタミアの異界往還者たち」細田あや子・渡辺和子編『異界の交錯』上、リトン、二〇〇六年
渡辺研二『ジャイナ教 非所有・非暴力・非殺生――その教義と実生活』論創社、二〇〇五年
渡辺照宏『死後の世界』岩波新書、一九五九年
渡辺恒夫『輪廻転生を考える――死生学のかなたへ』講談社現代新書、一九九六年
渡辺誠『よみがえる縄文の女神』学研、二〇一三年
渡邉昌美『異端カタリ派の研究――中世南フランスの歴史と信仰』岩波書店、一九八九年
Andrade, Gabriel, „Is past life regression therapy ethical?", in: *Journal of Medical Ethics and History of Medicine,*

2007

Bischofberger, Norbert, „Der Reinkarnationsgedanke in der europäischen Antike und Neuzeit, in: Perry Schmidt-Leukel (Hrsg.), *Die Idee der Reinkarnation in Ost und West.* München, 1996

Bokenkamp, Stephen R., *Ancestors and Anxiety. Daoism and the Birth of Rebirth in China.* Berkely/ Los Angels/London, 2007

Die Bibel. *Die Heilige Schrift des Alten und Neuen Testamentes.* Augsburg, 1994

Freitag, Reiner, *Seelenwanderung in der islamischen Höresie.* Berlin, 1985

Grönbech, Wilhelm, *Kultur und Religion der Germanen.* B. 1, Darmstadt, 1961

Hardo, Trautz, *Das Grosse Handbuch der Reinkarnation. Heilung durch RüCkführung.* Mümchen, 2003

Obst, Helmut, *Reinkarnation. Weltgeschichte einer Idee.* München, 2009

Scharl, Hubert, *Handbuch der Regreeeions - und Reinkarnationstherapie.* Dillingen, 1981

Schmidt-Leukel, Perry, „Reinkarnation und spiritueller Fortschritt im traditionellen Buddhismus", in: Perry Schmidt-Leukel (Hrsg.), *Die Idee der Reinkarnation in Ost und West. München,* 1996

Schmidt-Leukel, Perry (Hrsg.), *Die Idee der Reinkarnation in Ost und West.* München, 1996

Scholem, Gershom, Seelenwanderung und Sympathie der Seelen in der jüdischen Mystik, in: Olga Fröbe-Kapteyn ed., *Der Mensch und Sympathie aller Dinge=Eranos Jahrbuch 1955,* vol. 24, Zürich, 1956

Sparn, Walter, Die Reinkarnationslehre: eine religiöse und kulturelle Gerausforderung an das Christentum, in: *Arbeitahilfe für evangelischen Religionsunterricht an Gymnasien.* Gelbe Folge, 1997

Thiede, Werner, „Warum ich nicht an Reinkarnation glaube", in: *Evangelische Zentralstelle für Weltanschauungen.*

136（1997）
Zander, Helmut, *Geschichte der Seelenwanderung in Europa. Alternative religiöse Tradition von der Antike bis heute*. Darmstadt, 1999
Index Theologigcus（文献検索サイト）https://ixtheo.de/（最終閲覧：二〇二四年九月二日）

◈ 著者紹介

下田　淳（しもだ・じゅん）

1960年生まれ。現在、宇都宮大学教授。歴史家。
主要著書に、『ドイツ近世の聖性と権力』（青木書店・2001年）、『歴史学「外」論』（青木書店・2005年）、『ドイツの民衆文化』（昭和堂・2009年）、『居酒屋の世界史』（講談社・2011年）、『ヨーロッパ文明の正体』（筑摩書房・2013年）、『「棲み分け」の世界史』（NHK出版・2014年）、『世界文明史』（昭和堂・2017年）、『ドイツ葬送文化史』（教育評論社・2023年）。

異界と転生論の宗教史――人類は死後の世界をどう捉えてきたのか

2025年1月31日　初版第1刷発行

著　者　下田　淳
発行者　杉田啓三

〒607-8494　京都市山科区日ノ岡堤谷町3-1
発行所　株式会社　昭和堂
TEL（075）502-7500／FAX（075）502-7501
ホームページ　http://www.showado-kyoto.jp

印刷　亜細亜印刷

ISBN978-4-8122-2403-8